There is wealth in the city of Limerick,
where soft power potential goes slick
Believe in its impact of fun.
Retrieving the trustworthy pun
means better for good health when quick.

" Det finns ingen vits i att vara deppig för det är inget roligt alls." Blodsockret mäter vi och behandlar men depressionerna de uthärdar vi. Sambandet med diabetes söker vi efter fastän det redan är känt. År 2018 är andelen unga med depression, inom Europa, högst på Irland, enligt Eurostat. År 2016 anges Sverige, enligt Eurofound, ha högst risk för unga att utveckla depression.

Utgivarna av den här boken arbetar gemensamt för en ordnad tillvaro för barn och unga utan skyddsnät.

Utgivare Sweid Holding AB
Förlag: BoD – Books on Demand, Stockholm, Sverige
Tryck: BoD – Books on Demand, Norderstedt, Tyskland
ISBN: 9789176997901

NOTES !

Några noteringar i olika delar;

>EU vs RESPECT<

> Inledning; <

> Från noll till hundra...<

> Källhänvisningar; <

> Human resource; <

> För ordningens skull... <

> Från höger till vänster <

> Sätta p för något? <

>Doping, drugs, sex or gambling? <

>Konklusion;<

EU vs. Respect

I Europa, enligt WHO,

<u>har</u> minst 25%, en fjärdedel av alla, depression eller ångest.
<u>är</u> cirka 20% av alla sjukdomstillstånd neuropsykiatriska.
<u>är</u> nästan 50%, hälften av de med depression obehandlade.
<u>lever</u> 40% av alla med funktionsnedsättning i psykisk ohälsa,
<u>är</u> mer än 50% av alla som är sjukskrivna just det p g a psykisk ohälsa, och har konstaterad depression eller ångest.

I Europa, enligt WHO,

<u>antar</u> man att 50% inte fått veta om att de kan ha diabetes.
<u>finns</u> säkra mätdata på genus-, åldersskillnader, komplikationer, behandlingar, utbredning, risker, co-morbiditet (samsjuklighet), mortalitet m m för diabetes.
<u>är</u> vikt konstaterat överhängande riskfaktor för diabetes men det <u>finns</u> bara små noteringar om depression som bidragande orsak.

EU-arbetet **Horizon 2020** *inkluderar ambitionen att reda upp vår hälsa, fortfarande utan riktning vad gäller depressioner särskilt som bidragande orsak till diabetes, trots att det redan visats samband, med kunskaper som styrker det påtagligt.* **EU vs. RESPECT**
(Realising Europe's Soft Power in External Cooperation and Trade)
<u>Soft Power;</u> Ledarskap med trovärdighet och attraktionskraft utan tvång, militär eller ekonomisk kraftmätning, vägleder. (Ref. Prof.Joseph Nye, jr)

Vi har mycket att arbeta för... *31 dec 2019*
Mikael Nehrer

Inledning;

Ett forskande team ifrån Lund
ser nedtryckta ut en sekund,
en sväng ur balans
ger intaget chans
att blodsockret höja en stund

0

Det går upp och det går ner, livet, allting. Solen går upp, solen går ner, när jorden snurrar runt sin axel. Du drar dig upp ur sömnen, om du sovit något, från vilan på morgonen, med hormonerna. Humöret går upp, med stresshormonerna adrenalin och kortisol, som sjunker under dagen utom hos de som drar igång eftermiddagspasset med barnhämtning, kvällsaktiviteter och sedan fixar mat till familjen.

En blodsockerkurva går upp och ner, följer våra hormoner, våra humör, alla ansträngningar, belastningar, vad vi äter, hur vi äter och stress. Att följa värdet har betydelse när du behöver behandla det. Kroppen reglerar finurligt med ett noga anpassat system, som följer svängningar, variationerna.

Något rör sig lugnt och stilla, annat svänger fort. Vid brister i systemet, våra hormoner, kan det röra sig ohyggligt fort, allting börjar pendla, eller tvärtom, planar ut, stannar upp totalt. Det är med närheten till vad du har som du också kan finna en god lösning, och fortsätta leva gott, på riktigt.

Genetik, arvsmassa, har en del nycklar till de gåtfulla dörrar vi vill öppna, smygkika lite in i vårt innersta, när vi törs...

Våra känslor justerar på liknande sätt, med signaler som är beroende av intryck, rörelser, hormonnivåer och blodsockret.

Samhället, sammanhanget, hur vi lever gör avtryck på oss, skapar underlag för vår utveckling. Miljön är också vårt arv att ge vidare. Limerick på Irland samarbetar nu med Austin, Texas, USA. Världshandeln gör Europa/EU till en medaktör.

Vår närmiljö, Europa, EU, är ett geografiskt sammanhang med territorier, flyktingar, båttrafik, integration, tullunion. Vi arbetar för respekt, gränser, samverkan, EU-arbetet RESPECT.

"*Respect*", kan vi uttala precis som i västindien, hängmattan, något "*chilla*", lugna inombords, utan något extra särskilt medel, ett livsmedel...

Eufori i sig själv blir ett lyckorus utan andra tillskott. Fori, f övr, betyder att skela, titta snett på. Då kan man tänka: "eu-fori", att EU ännu inte riktigt överblickat helheten. Men ordet eufori betyder i själva verket glädje ! Dysfori, motsatsen, drar mot nedstämdhet, depression. Orden förklarar mer.

Vi behöver stanna upp mer, greppa läget, tänka på vad vi uttrycker, och så "chilla" lite då och då!

Förresten, visste du att alla har en gnutta, en knapp grad av skelning, ser litet oklart? Det kan förklara en del huvudvärk, när ögats muskler skärps för att ögat skall kunna fokusera.

Ortoptisterna, det är ögonklinikernas specialistutbildade legitimerade vårdpersonal med kompetens, har blicken klart för sig, hjälper oss att se tydligare, fokusera mera, bättre.

Det är också normalt, helt i sin ordning, att ha lite sväng på humöret, liksom i hängmattan, behagligt gungande, Det motsatta med ett totalt slätt, indifferent, matt känsloliv vore avvikande, förstås. Det finns gränser för vilka humör som blir hälsosamma, eller optimala. Det finns olika meningar om vad som är bra mot depression, ångest. Visst har det prövats olika behandlingsmodeller. Några har bekräftats, givit riktlinjer, hjälper en del. Ändå är det oklart.

Varje individ med diabetes får kontrollera sina ögon, som vi lärt oss, sambandet blodsocker och förändringar i ögonen.
Senare, när vi lärt oss mer om ångest, depression och allt det där oprecisa, som är så olikt för var och en, förbättras utsikten och även det kan förenklas. Våra kontroller är på många vis välgörande. Och, det är fler med diabetes i Karibien/Amerika än i Europa. Hälsan lever om på olika sätt.

I ett sammanhang där vi lär oss konsumera är vi svältfödda. Vad menas? Jo, med intresse för vad vi konsumerar, och hur, får vi bättre koll på vad vi har omkring oss, stoppar i oss. Så: "*Konsu-mindre*" är en mission, uttalat i ett omfattande arbete som kan beskrivas mer som att du får tillbaka greppet om ditt liv. Att förlora sig själv i konsumerande vanor, tillflykt, inlärt tar liksom bort den givna glädjen att få längta speciellt efter något, något som känns så där uppiggande gott.

Att konsumera för mycket blir närmare frosseri. Det hetsar oss. Att njuta av kosten, motionen, livet och alla våra sinnen gör att det räcker längre, smakar bättre och vi kan må bättre, bli upphetsade på bättre sätt när vi kan. Vårt fina ord lagom, "laget om" hushållande med våra resurser, tillvaron, så länge vi inser att vi påverkar, lagom. Att skynda lagom.

Kanske är det därför så många lider i tysthet? Det påverkar blodsockret i alla fall, överflödet, konsumtionen. Det hänger ihop, följs åt, blodsocker med depression.
Det ena ger det andra på så olika sätt. Från hängmattan betraktar vi mera, rastar litet, "*chilla*" litet, vidare...

1

Aha...!

En dag upptäcker Du det, livet: "Heureka!" Ungefär som Arkimedes, från Syrakusa på den då grekiska ön Sicilien, kutar du naken ut på gatan, euforisk, jublande, flaxande med armarna, ett bra tag tills någon tröttnat på ditt påflugna beteende, en uppståndelse, ringer SOS, larmnumret 112 strax innan ordningsmakten kommer och försöker tysta ned dig litet. Så gör vi idag...

Vad var det han upptäckte Arkimedes? Hans funderingar om tyngden av en undanträngd vätska är lika stor som den uppåtriktade kraften på den tyngd som sänktes ned i vätskan, och så vidare. Varför den upplysningen, avgränsad i en annan berättelse, kanske någon undrar?

Jo; upptäckarglädjen, euforin, visste inga gränser när han, Arkimedes, la sig i badkaret helt enkelt. Historian om Arkimedes är naturligt underhållande, på ett annat vis än att höra om alla sakfakta som upprinnelsen i hans experiment.

Upprinnelse... Har du tänkt på hur vanligt det är, med ordet rinna i många sammanhang, uttryck som upprinnelse, rinna igenom? Att rinna leder lätt tanken till vattnet. Människan är 70% vatten, som är nödvändigt för livet. Livet rinner på... Skruvat. Arkimedes anordning, för att transportera vatten, bland annat, uppåt, tog skruv också, kan användas fortfarande idag. Arkimedesskruven är billig, driftsäker och enkel. Arkimedes princip, det första, är grunden för vätskors densitet/täthet som vi mäter, t ex kvicksilver i termometer.

Kunde vi inte få jubla litet, över vår egen blotta närvaro fria från förskräckelse, för oss själva, på gatorna, flaxa omkring litet ? Det är önskvärt, när vi idag är så strikt kontrollerade emot vår spontanitet.

Bland alla fakta, sakkunskap, som kan ha en spännande historia i hur det upptäcktes från allra första början, har det blivit noterat i böcker som nog attraherar mest de särskilt sökande, kunskapstörstande, när det blir så formellt att läsa för de flesta. Någon kan ha sagt: *"det ska va' kul å' ha roligt"*

Med några enkla sakfakta i de första kapitlen här får vi en berättelse om hur vi styrs idag, varför allt blir så krångligt, osäkert när det är så välkontrollerat. Allvaret finns där, när vi inte får vara de vi ska, när vi är fångade i strukturer, nyheter, underligheter kring tillvaron som det egentligen svänger om, en hel del. En tilltalande utmaning blir det, att hjälpa sig själv till något bättre. Det är alltid möjligt att nå något bättre, med eller utan kontroller.

För någon med svajigt, svängande blodsocker är det vardag, naturligt kontrollerat, tvingande reglerat av myndigheterna, ändå dröjer svaren på många frågor, resultaten, tills de malts färdigt i vårdkvarnens tröga hjul.

För någon med depression känns livet tomt i alla fall.

För någon deppig, nedstämd så där, är det lättare att söka hjälpen med ropen "se mig...", "hör mig...", fast de är inte de mest vårdbehövande eftersom de hela tiden uttrycker något.

Allvaret är bara en del av allting. Tillvaron har mycket mer att visa och för oss att upptäcka. Vi har inre liv som kunde få leva ut mer, livet som det svänger om. Sedan följer den, en berättelse om livet...

2

Minns du?
"Minns du, morfarfar, minns du i morse, när vi gjorde det där?"
Barnbarnet, som med sina kusiner kallade honom för morfarfar, för det är han, morfar och farfar på samma gång, en och samma person, hade en fundering. Barnets förväntan, perspektivet om tid är oändligt stort, relaterat till livstiden dittills. Morfarfar förklarade vad de gjorde i morse, som var nyss, för bara några timmar sedan.
Morfarfar hängde inte med först, efter orden: "minns Du?", som nog förde tankarna till när barnbarnet föddes. Det har hänt en del sedan då, fram och tillbaka.

Det svänger om det, livet! Det ena ger det andra, kan man tänka. Allt kan mätas, värderas, men framför allt betraktas. Vi betraktar olika, perspektiven. När nyheterna med tiden ger ut ovetenskapliga dagsreportage om hur nyblivna föräldrar ska kunna hantera sina barns förkylningar, som inte behöver någon behandling, stannar vi upp. Det är förkylt! Kan det finnas bättre sätt att väcka vår medvetenhet, vårt ansvar med respekt? Att vara aktsam är bortglömt, nedprioriterat.

Du har bättre resurser, är värd bättre, än så! Socialstyrelsen bestämmer riktlinjer, för sjukvården som tillämpar. T ex har vi tagit hand om en av våra mest utbredda, mest allvarliga folksjukdomar: diabetes, som betyder "rinna igenom".
Det möter en del värderingar bland oss, diabetes, sockret.

Sjukvårdens riktlinjer, efter implementeringen, befästelsen från myndigheten utan att någon ”rinner igenom” kontroller, styr, blir styrmedel. Kontroller, för vems skull?

Att förlora ett av sina proteiner, insulin, från de små isolerade öarna, ur djupet, i den levande bukspottkörteln som har sina svängningar, med eller utan humör, leder till högt blodsocker. Det mäter vi. Det är en självklarhet, nödvändigt för någon som inte har insulinet kvar i kroppen, sockersjuka, diabetes, så blodsockret det följs noggrant.

Många gillar att mäta, utom de som nog helst skulle slippa kontrollerandet, för vi har lärt oss att enkelt mäta blodsocker. Det ger någon slags idé om hur vi tror oss må. ”Minns du, i morse, när du gjorde det där, vad var blodsockret då?” Ingen aning, eftersom du inte har mätt det på ett tag. Ett barn frågar med nyfikenhet. Förväntan. Mäta? Vi söker svar.
Du undrar, ”varför...?”

Sjukvården utför, utan att tänka på historian. När indierna för 2600 år sedan, påstår man, upptäckte det söta i urinen, honungsurinen (mellitus, som heter något annat på indiska), visste man inte om proteinet som reglerar blodsockernivån, som medicinarna Banting & MacLeod nobelt erkändes för år 1923 med sin upptäckt.

Barbara Low, som arbetade vid Linus Paulings institut sponsrat av Rockefeller (himself) Foundation, har presenterat banbrytande kunskaper som vi dåligt upplysta om använder idag. Proteinernas struktur, alpha- eller piform, kallat -helix, hur de veckar ihop sig, kurar ihop, inverkar på hur varje signalmolekyl, proteinet, får effekt mer beroende av sitt utseende i struktur än formeln (beståndsdelarna).

"Redan de gamla grekerna---", säger man. Greken Arataeus, långt efter indierna, döpte den söta urinen "mellitus", hos de magra, utmärglat trötta medmänniskor han analyserade.
Upptäckter som avlöser varandra leder forskningen framåt, bit för bit, steg för steg. Tänk dig, att det är möjligt, att bit för bit finna livet inom, steg för steg, en upptäckt följer en annan.
Så sent som år 1776 kunde sockerkoncentrationen i urinen konstateras. Ytterligare hundra år senare drog Minkowski och von Merring slutsatser om bukspottkörteln, efter Paul Langerhans arbete om det sambandet o s v.

Men, inser du, att det finns sjukdom, tillstånd, som har betydande, minst lika svåra konsekvenser, som inte kan mätas lika enkelt med nyfikenheten. Du sträcker fram fingret, tar en droppe blod, mäter och vips har du blodsockret. Fram med fingret, och du får ett svar. Visst, det låter enkelt. Det svänger om det, livet. Minns du vad du har?

För den deprimerade är inte tillvaron, mätmetoden lika given. Det är tolkningar.

Depression eller Diabetes? Vilket tar värst? Det kan drabba individen lika, konsekvenserna. Dessutom är det ständiga kontrollerandet vid vissa tillstånd en klart bidragande orsak till nedstämdhet, oro och depression.
Det är uppenbart.

Med den raka enkla frågan:
"Vad tänker du när du hör ordet depression? Svara bara ett ord." får du sällan riktiga svar. Många funderar litet, blickar runt. Men, med frågan: "Vad tänker du om diabetes?" får du rappa svar. Det säger en hel del om vår kunskap om, medvetenhet om blodsocker, sockersjuka/diabetes.
Forskningen rör sig, framåt, och det odlas celler, produceras syntetiska insuliner, konstgjorda proteiner som analoger, det mäts antikroppar, C-peptider samt utförs transplantationer av organ, langerhans öar. Tekniker som mäter blodsocker med infrarött (IR)-ljus regelbundet via huden används (CGM). Metoder för antikroppar m m utvecklas ännu mer.
Informationen i takt med diabetesförbundets engagemang, forskning och framsteg, når ut bit för bit.

För depression har inte utvecklingen nått särskilt långt, inte ens när det finns ett säkerställt samband mellan blodsockernivåer och humör. Ångestförbundet, som får inkludera, omfamna depressioner har ett fåtal artiklar, några hämtade från vårdguiden som är en allmän riktlinje utan tilltalande finess eller inslag.
En depression, dystymi som det hette förr, eller nedstämdhet, är definitivt svängande, har olika grader, är beroende av sammanhang, omständigheter och livet inom "blir utom sig".
En kroppslig sjukdom blir den, depressionen. En kroppslig reaktion, uttryckligen, mer än bara ytan. Ingen ser, ingen hör eller anar egentligen, ens när de frågar, försöker förstå, förrän långt senare. Förklaringar. Förväntningar. Funderingar.

Blodsockret, som är en kroppslig mätbar funktion påverkar vårt psyke, eller hur !? Det syns inte så där klart på en gång.
Vem kan förstå för att veta hur de själva skulle hantera saken? Eller, har de förlorat något, vill dela, de som frågar?
Morfarfar, som med sin livspartner sällskapligt fortsatte vidare efter att deras barn, barnbarnets pappa, inte längre är med i det här livet, hade mött svårigheter, tillräckligt, osagt på vilket sätt, utan samband med blodsocker eller depression.
Det är en annan historia. Klart är att förlusten skapade en närhet bland överlevande som för att fylla ut tomrummet.

Vi har fått valmöjligheten, att känna, att avgränsa, utestänga eller ansluta. Med det egenproducerade cellstimulerande BDNF (*Brain-derived Neurotrophic Factor)* kan känslocentrum, hippocampus i hjärnan, få en skjuts uppåt, bli mer levande. Det motsatta händer vid depression, då känslorna försvinner successivt. Det kan bli svårt att sätta ord på dem, (alexitymi).
Det har betydelse för minnet också. Depression samt högt blodsocker var för sig bryter ner den lilla hjärnstrukturen, som ser ut som en sjöhäst, därav namnet "hippocampus".

Små enkla vardagliga välgärningar verkar mycket mer, har mycket större betydelse för hälsan än det anas först. Samma gäller läkemedel, medel, droger, inspiration, konst etc.
Varför? Frågan "varför?", vet vi är skuldbeläggande, förskjuter och distanserar, särskilt vid depression, om någon bryr sig alls, överhuvudtaget. Fram med fingret, känn, räta på dig, sträck ut fingret, upp i luften. Svängningarna är mätbara, ser vi i kapitlen som följer...

3

Kontroller. Kontroller av kontrollerna. Kontroller av utförarna av kontrollerandet i alla riktningar. Det är ett mått på ohälsa, ett myndighetsreglerat måste, tvång, ångest, deprimerande för någon. ”Tvångest”, det nytillverkade ordet förenklar, begripligt? Arbetstillfällen. År 2020.

De nedstämda har något annat än de deprimerade. En depression kan värderas, skattas till men inte uppskattas.

Nerskattas säger man inte så ofta heller. Värdera depression är grannlaga, finkänsligt. Frågorna kan bli många, svaren få. MADR-S, HAD, CPRS... fler blanketter, enkäter för att mäta, skatta, värdera etc. Oprecist, inexakt, hjälper inte någon utsatt att få svar, kanske litet behandlingsgrundande.

Det överbehandlas med läkemedel när sjukvården försöker ”att göra” på grund av riktlinjer. Nyutexaminerade och erfarna äldre läkare ordinerar recepten. Vad mer? Livet, botat med en tablett, en injektion? Det hjälper vissa tillstånd. På samma sätt som insulin är livsnödvändigt för att släppa in blodsockret i våra celler från det cirkulerande blodet, på samma sätt är penicillinet användbart riktat mot vissa bakterier. Som protein bryts insulin ner i magens arbete, s k proteaser, proteinspjälkande ämnen, enzymer. Då blir det verkningslöst, insulinet. Det förklarar orsaken till injektioner när vi inte funnit tekniken att få det i tablett. Det finns mer...

Det svänger om blodsockret, och humöret. Allt du gör får betydelse, kroppen signalerar friskt, eller inte. När du tappar kontakten med dina känslor, känningar, försvinner lusten, motivationen och styrförmågan. På den gamla tiden, för nästan hundra år sedan, försökte man behandla depressioner, manier och annat med insulinchocker efter psykiaterns, Manfred Sakel, vidlyftiga förslag i Polen, utan någon större framgång. Kanske var metoderna något skonsammare än de i Sverige 4500 lobotomier som knappt 85% överlevde fast ännu mer stympade i sin personlighet. Blodsocker eller depression, eller både och? Finns samband?

Parallellt med gissningarna, som medförde riskfyllda försök med människor, insåg man värdet av natursköna miljöer för läkedom och helande. En märklig kontrast. Behovet att läka övergick helt enkelt allt sunt förnuft som kunde ha funnits vid den tiden, 1800-talet. Idag är kontrollerna mer reglerade, striktare, men fortfarande med väldiga kunskapsluckor om det faktiska. Depression är fortfarande ett mysterium, och relationen till blodsockret är ännu oklart. Det svänger om det, livet, både humöret och blodsockret. Vi har tappat bort en del av det naturliga i läkeprocessen, på grund av kontrollerandet. Får du svar, när du söker? Inte alltid. Svaren kan dröja. Det är underligt. Vi tar prover utan att få veta svaren.

Människosynen var knappast godkänd, med vansinniga ovänliga behandlingsmetoder. Särskilt snurrigt var det med den s k svängmaskinen, som importerades på 1800-talet. En svängmaskin drevs av kugghjul och patienten (objektet...) spändes fast med remmar och hjulet roterade i hög hastighet, upp till hundra varv i minuten, tills patienten svimmade av och då betraktades behandlingen färdig. Färdig...!

Sjukvakten som skötte maskinen kunde redan efter någon minut avbryta ”behandlingen”. Vården kunde konstatera att patienten, som det nu kallas efter 1823 då beslutet att överge begreppet ”dårar” trädde i kraft, blivit lugn. Svängmaskinen användes därför till att skrämma en patient till lydnad och då slippa ännu en ”snurr”.

Hade apotekarlärlingen Georg Engströms, Sveriges förste heltidsanställde psykiater, ambitioner att förklara funnits idag skulle de sannolikt prövats rättsligt, även om hans ideer generöst kan tolkas innehålla någon sorts medkännande med formuleringar som ”...menskligt elände...”. Fastän, att spärra in människor med avvikande beteende gör inte alltid saken bättre, även när någon kan behöva sin ostörda miljö för tillkvicknandet.

En av dr Engströms favoriserade diagnoser ”fånighet” är utsorterad idag från diagnostiken, (DSM V). I déer om natursköna miljöer, arbeten och däremellan sällskapliga, intellektuella aktiviteter skulle med dr Engströms ivriga engagement att professionalisera läkarskrået ge en mildare vårdform än Rushs eller Reils tortyr-terapier tidigare gjort under 1800-talet.

Trots det finns de kvar, folksjukdomarna, beroende av sitt ursrpung i sin miljö. Kunskaper är så varierande olika. Frilansskribenten Christian Dahlström har fördjupat sig mer i det, i sin serie / podcast ”Sinnessjukt” som avhandlar ångest, oro och depression.

Idag erbjuder vårdsystemet en annan ”snurr”, som inte har något egentligen att göra med ”fallandesjuka”, som det förut kallades, sjukdomen epilepsi. Hela vård-”snurren” skapar oro, förvirring. Läkemedel mot depression hjälper en del, stjälper en del. Penicillinet mot bakterier fungerar bara när det är rätt använt. Insulinet, det livsnödvändiga, fungerar på sitt sätt. Behandlingar mot depression består av modeller, lika många som det finns människor, givetvis. Var och en efter sin förmåga.

Om du tänker dig ett par skidor, som du drar, masar, hasar dig fram på, eller drar utför pisten på, så biter de bättre med rätt valla, rätt skärpa på stålkanter och en juste bindning. Det är antingen flackt eller backigt, berg och dal, utsikter, insikter för helheten. När vårdsystemet behandlar depression, söker svar, kan läkemedel hjälpa till, ungefär som skidutrustningen anpassas efter din förmåga. Fortfarande är det du som får arbeta framåt, precis som för den som behöver insulin, eller den som verkligen har nytta av penicillin.

Var går gränsen, mellan svår depression, nedstämdhet och naturlig deppighet? Ett helt flackt känslospektrum låter inte särskilt livgivande, snarast avtändande, blir sjukligt, mörkt. Vi söker vidare. Vi söker efter ljus mot mörkret. Vi mäter...

Den japanske fysikern Hiroshi Amano, uppmärksammades av nobelstiftelsen år 2014 för sin upptäcktslust och nyfikenhet efter att ha utvecklat ett modernare, hållbart, stabilt ljus genom en idag några år gammal teknik, kvantmekanik, har det givit öppning för nya behandlingar. Yngre uttryckligen nedstämda, deppiga utan dagsljuset i de naturliga dygnen kompenseras med LED-ljusens färgande skiftningar.

Stressforskningsinstitutet har funnit samband, förklaringar. LED kan lysa upp mörkret. Meditation är annan upplysning.

4

Gör det Zen...

Från Zen till Parcours. Att leva har en riktning. Riktningen avgör Du. Zen betyder något i stil med meditation, som läker, helar i syftet att göra människan fri från inlärda ritualer, beteenden, mönster. Det begriper den som sett, eller upplevt, effekterna av meditation. Zen. Det kallas för upplysning. Ett själens LED-ljus.

Gör det Zen !

Att skynda skapar både lösning liksom det kan orsaka stress och oro. Annat är det med stress som uppstår utan att du skyndar, oro som kommer av sig självt, som vid nedstämdhet och depression. En depression uppstår antingen av sig självt, inifrån, endogent, eller av någon konsekvens av påverkan där vi tillåter oss att långsamt, stadigt, brytas ned inom till något annat än vi kan vara. Det är klart att är du glad och positiv väcker det förundran hos många, och ger bärkraft. Därför är meditation helande, läkande. Hastighet är något annat mätbart, till skillnad från ordet, begreppet "skynda." Att göra något kvickt, fort eller snabbt är inte alltid samma sak som att skynda. Att skynda långsamt eller vara effektiv ? Det går att kombinera, bland annat med Zen.

"Karma" ordet beskriver länken mellan tanke och handling. Handlingar kan bli tvångsmässiga, fixerade, emedan tanken är fri, levande. En depression stänger av flödet, i alla led inom oss. Arbetet framåt kan kosta på. Indierna, som upptäckte det söta i urinen, diabetes, mediterade långt innan Sidharta Gautama, Buddha, spred kunskaperna vidare via sina

vandringar. För bara några år sedan, efter världskrigen 1945 spreds Zen närmare västvärlden efter att Kina har använt det traditionellt lokalt anpassat i något mer än tusen år, tror man.
En västerländsk familj kan tillämpa Zen och ändå leva sina vanliga, ordinära liv. Genom den stärkande uppfattningen att få må bra, finna sitt inre, kan moderna samhället hanteras bättre. Där blir det balanserat, inom, bland hormonerna, ja, t o m blodsockret påverkas positivt. Det är mätbart...

Som behandlingsmetod är den inte med i riktlinjerna, även om effekterna kan vara mirakulösa. Det är kostnadseffektivt, för alla. Zen har inga biverkningar. Resultaten är hela tiden i samband, *connection*, med ditt inre jag, lugnet, oron eller vad du än bär inom dig. Människans försvarsmekanismer hindrar sunda behandlingsmetoder. Myndigheternas krav på sig att skapa riktlinjer exkluderar, tar bort, de enkla metoderna eftersom vi kan för litet om hela vår skapelse. Det är enklare att mäta. Hur kan Zen få plats i behandlingsarsenalen, mer än via den försiktiga ansats som gör *"mindfulness"*?

Redan år 2003 såg man skillnader i mängden läkemedel i Sverige mot Danmark. Med samma andel diabetiker, antal i prevalens = andel av befolkningen, i båda länderna lyckades Sverige förskriva dubbelt så mycket läkemedel mot diabetes, sockersjuka. I övrigt har danskarna fortfarande försprång mot både Norge och Sverige enligt studieresultaten i DISCOVER som presenterats år 2016 vid europeiska diabeteskonferensen (EASD). Både Norge och Danmark använder modernare behandlingar, samt har beskrivits lyckligare. Mer eufori helt enkelt. Depressioner har behandlats mer med läkemedel i Sverige sedan Danmark rationellt kapat förskrivningarna, i synnerhet till barn. Vi har fåtalet aktiva Zen-coacher inom den myndighetsreglerade hälso- och sjukvården. Rädslan för att tappa bort den metabola kontrollen, mätvärden, gör det fantasilöst och utan insikter att det faktiskt går att kombinera.

Det finns till och med ytterligare hinder i och med våra nya lagar som blockerar skonsamma behandlingar, p g a rädslan att vilseleda. Läkemedel på vida indikationer, utan att följa upp konsekvenserna, saknas lagar emot. Det har inte samma kontroll. Det sunda förnuftet kan inte lagföras... Puh!

Socialstyrelsen har fortfarande möjlighet föreslå modeller för hur vi skall kombinera skonsamma behandlingar som finns, Zen, mer än ”mindful” och ändå kontrollera våra mätvärden. Vad hindrar oss från att må bra, när vi inte tillåter oss det bästa för det bästa?

Vad de inte tänker på, myndigheten/Socialstyrelsen, i alla fall inte meddelar, är att många som har högt blodsocker, eller depression, både och eller en massa annat, ändå söker lösningar utanför hälso-/sjukvårdens ramar, eftersom vi vill må bra, utan att känna oss tvingade till det. Någon kanske inte behöver riktlinjerna heller. Frågan är vem som får mest ansvar. Det konsumeras hälso- och sjukvård, för industrin...

Till råga på allt, alltså, ”ett rågat mått” med extra dos, så har diabetesriktlinjerna rekommendationer om att använda kolesterol-/blodfettsänkande läkemedel s k statiner som nu visats öka risken för diabetes hos 1 av 10 (= 10%). Motion är ett sunt medel att sänka kolesterol, vilket vi redan vet.

Därför kan det bli ett lyckokast, möjligen euforiskt när den fysiska ansträngningen får aktivera en del endorfiner för att därigenom "kicka igång" systemet, med något fysiskt som le parcours du combattant. Ett tafatt famlande, ett klumpigt snubblande uppstår mer när vi är i obalans, motoriskt oävna. Kombinera Zen med något motionerande som ger mening.

Promenader och måltidsrutiner är en sammanfattning av dagens forskning och framsteg, liksom livsmedelsverkets totala sammanställning av optimala kostens näringsinnehåll om du räknar kalorier, fördelning i fett, protein, kolhydrater, faktiskt kan beräknas överensstämma med Ostbågar och läsk; Cheezdoodles & Coke. (See for yourself...) Ett par hekto ostbågar och en halvliter läsk, det blir troligen en annan diet än myndigheterna avser för hälsan... och enformig, torftig!

Socialstyrelsen var i och för sig oskyldiga till kampanjen från 1970-talets Sverige med rekommendationer om dagligt intag 6-8 brödskivor. De blev utnyttjade i en satirisk kupp, som var sanktionerad av Brödinsitutet, som ren PR. När det populärt gav Socialstyrelsen medvind köpte de läget, ett tag, gled med på vågen, istället för att ärligt och öppet säga (transparent) att de inte hade något med upphovet till kampanjen att göra.

Bagerierna inom näringsllivet fick arbetstillfällen. Det kunde vara bra för hälsan, när arbetet gör gott, förstås. Samarbetet mellan myndigheterna och Konsumentverket, som faktiskt var med, har i efterhand klargjorts, samt att det kommit fram att Socialstyrelsen varit informerade utan att nå insikt i vad kampanjen egentligen gick ut på, reklam för bröd.

På liknande sätt räknar vi ut att läkemedelsindustrin äger en stor del av forskningen, depressionerna blir underställda forskningen. Sambandet med en av våra vanligaste folksjukdomar, som med enkelhet går att mäta, diabetes mellitus, är markerat. Ändå fattas mycket kunskap om behandlingar, symptom, prognos och möjligheter vid ångest och depression. Det fattas engagement, Rösterna är för få.

Genom sin "mission" i det organiserade arbetet för oss, med konsumenter i samverkan, har eldsjälen Bengt Ingerstam myntat begreppet *"konsu-mindre"*. Det är tänkvärt, att tillåta oss förstå, stanna upp, betrakta, njuta, *"chilla"* lite där i hängmattan, fåtöljen och få ta eget ansvar. Kosten har mycket större inverkan än vi förstår när den är dåligt varierad. Vita sockret drabbar mest. Det är deprimerande att inte vården inser mer än att ordinera insulin och läkemedel. Att dessutom kapitalistiskt göda upp diverse fjäderfä, företrädesvis ankor och höns, med genmodifierade spannmål (GMO) eller som de amerikanska jordbruken massproducera majs och soja till djuruppfödning under tiden Kina gräver om geografin med nya kanaler för export och import, när vattenföroreningarna i Kina är omfattande. Det är deprimerande hur vi ödelägger våra liv. Med större intresse för vår omvärld kan vi också väcka liv i slumrande insikter, som hjälper oss må bättre, mindre deppiga; *"Konsu-mindre !"* istället för konsumera.

Det är en del av livet, men det är skillnad på deppighet och depression. De svårast sjuka kommer inte till, riktigt, heller. Mörkertal i dubbel bemärkelse. Vi söker tillvaron...

5

Med livet som insats. Zen gör det möjligt, livet. Parcours tacklar utmaningar på ett annat sätt. Parcours du combattant är militärens, främlingslegioner och andra, tuffa träning för att klara av svåra fysiska hinder. Den förankrar en psykologisk balans, ett slags utmaning av sig själv, *"dépassement de soi "*. En Zen på ett annat sätt. Någon kanske undrar varför det jämförs? Enkelt bara, för att förklara: Idag är många vilsna mellan tvingande kontroller, kontrollerandet och vilka modetrender som är bäst. Istället för att som vanligt bara göra sitt bästa för dagen rycks många med av nyheter, information, vårdsystem m m.

Genom att varje dag börja med Zen, meditation, en liten stund får du en del klarhet. Det kan vara den insikten vi undviker genom att göra en massa annat. Hur kan det bli? När du är jagad av tid, prestationer, utförande är det Du som har störst möjlighet att påverka.

Le Parcours du combattant, att forcera svåra hinder, kräver balans och inre harmoni. En depression tar bort drivet, gör en apatisk, viljelös och initiativfattig. Det kanske är därför ångestförbundet saknar drivet, för de som verkligen behöver stödet saknar drivkraften i det. Och vem annars vill bry sig tillräckligt om det, för att göra nytta i saken ? Vad gäller en strängt kontrollerad blodsockerregim kan det skapa tvångsmässighet av idéer, rutiner, ritualer, rena mantran, om sådant som Zen kan hjälpa till att kanalisera (hantera).

Diabetesförbundet har därmed bättre framgång och når fler intresserade medlemmar, investerare och lobbyister.

Forskning och framsteg.

Hjärnfonden (www.hjarnfonden.se) som hedrande stöds av vår ställföreträdande statschef, kronprinsessan Victoria, har gjort ansatser, försök, att försöka förstå vad en depression är innan forskningen kunnat fortsätta. Det är talande nog, att vi inte kommit längre trots trygg support.

Vi är fortfarande långt från framgångsrika inom området depression. Det började säkert år 1956 när det upptäcktes, dopamin, fortsatte under 60-talet, forskningen, teorierna, med monoaminhypotesen, hjärnans neurotransmittorer, i huvud och ryggmärg, signalämnen, sponsrat av Bernhard Brodie, vars medarbetande Arvid Carlsson omnämns särskilt, nobelprisad år 2000, sedan det fortsatte med läkemedels-experiment på möss år 1982, de s k tricykliska antidepressiva (TcA) och ännu senare, år 1997, med de modernare andra generationen ”lyckopillren”, (SSRi) Citalopram, som givit beteendeförändringar...

Alternativ, kombinationspreparat, (SNRi) Mirtazapin, för att rikta behandlingar har inte riktigt nått de mål vi kunde önska men givit en del god lindring, inte minst för sömn hos några.

En Nya Zeeländsk forskargrupp vid Otago University har lyckats spåra vilka gener som markerar betydande risk för depression. Uppskattningsvis 10% av befolkningen kan utveckla depression enligt genetiken. Där saknar vi en hel del förklaringar. Risk? Det är en klen tröst! Vi vill ge botemedel, läkedom mer än tröst. Inte ens deras sparring vid King's college i London har givit något mer sedan. Saknas det verkligen intresse för depression? Är det något naturligt i livet? Tro, tvivel, sanning och hopp?

Arvid Carlsson, läkemedelsspecialist, farmakolog, fortsatte sitt verkligt goda arbete att utveckla läkemedel, som industrin fick slå mynt av, till och med år 2018. Det är pengar i läkemedel, och nog är det ett argument för att de används även när de inte alltid hjälper, oprecist. Vi behöver utveckla kunskaperna, forskningen som Arvid Carlsson och hans vänner bidragit med hittills. Insulin får inte användas så där oprecist, längre, när vetenskapen vunnit mark, kunskapen om det fått skäliga bevis.

Kort efter upptäckten av serotonin, 5-hydroxytryptofan/5-HT eller L-tryptofan som kan ingå i, eller enbart vara tryckt på etiketten för vissa energidrycker, livsmedel samt näringstillskott kan det konstateras att serotoninnivåerna faktiskt kan förbättras, stiga litet vid meditation. Aha! Eufori? Lycka i alla fall, att må bättre, är nog de allra flesta överens om.

Så, det ena utesluter inte det andra. Från Zen till Parcours gör tillvaron levande, på alla sätt och vis, inifrån och ut, kanske utifrån och in. Vad tar du in?

Fysisk aktivitet, motion anpassar vi efter kapacitet, förmåga och motivation. Aptit, balans och intresse ökar behållningen, effekterna. Med ett par hekto ostbågar samt någon liter läsk kan en depression underhållas med passivitetens bieffekter, samt orsakar ännu mer ohälsa, drar ut på det i reaktionen över att alla kontroller styr för mycket att tvingas må bra istället för att få känna det spontant, äkta och naturligt.

Gör det Zen, parcours, par coeur (av hjärtat) när du har resurserna. Systemet skall kunna hjälpa till med riktningen

Från noll till hundra...

En story om skog i Utmarken
som pinad gör intryck åt parken
att präglande"mecka"
med känslor som släcka
kan upptäckter väcka ur barken

6

Aha!

Där satt den, nyckeln gick att vrida om. Du hade letat i fickorna, trängd av mörkret, precis lyckats dra dig bort från skaran av människor, där några kilometer från centrum.

Nyårsafton, en totalt variationsrik kväll för många, blir början på ett nytt kapitel, ännu ett i livet. Du hade inte tänkt på att fira den där, så långt från din familj, med tanken hos den du har närmast. Låset i dörren är slitet, dörrens gångjärn trögt, i det omgjorda ålderdomshemmet, där på den vindpinade slätten. Vårarna brukar komma tidigt, med sköna ljusgröna bokskogar likt utsträckta brandsegel infångande morgondisets svävande, dansanta draperier som från en mystiskt avlägsen tid. Ännu skulle det dröja litet, innan våren.

Du öppnar dörren, kliver in. En märklig känsla av tomhet, ändå, när du vet att här hade det bott någon förut, här ute på slätten. Så avlägset, ändå ganska nära. I köksavdelningen står rester av en nyårssupé kvar, när gästerna har dragit iväg åt olika håll, några till sitt, några ut igen och andra iväg för att inte återkomma... Du somnar, vaknar till liv igen där du satte dig nyss. Dr Engströms riskfyllda experiment, kallvattenbad, snurrmaskinen och allt annat, tänker du, fanns väl inte här?

Eller, var det därför det kändes så tomt, som om all själ var uppslukad mitt i den sceniska miljön i österled, där solen går upp? Solen, som väcker till liv.

Det är tyst, knappt rör den, vinden, vid din hud, ditt hår. En lugn, rogivande känsla inom dig när du slappnar av i fåtöljen där vid fönstret, tänker, drömmande. Gardinen är förd åt sidan, släpper igenom ljuset. Luften är klar, frisk. Du andas. Det är lugna välmenande andetag. Långsamt släpper du alla tankar. Du andas lugnt, bara är. Du är.

Utanför passerar någon på sin cykel, med ett svagt vinande från däcken mot asfalten som kan höras när allt är lugnt. Du hör det knappt, när du bara är, nu. Med ena handen i den andra, varsamt placerade i ditt knä, med båda handflatorna vända uppåt, tummarna lätt lutade emot varandra, slappnar du av. Du andas. Lugn. En bild. Alla stunder som varit svåra får dunsta, försvinna en stund, där du är just nu. En sekund, en minut, några till...

Redan efter några minuter kan du vara i balans, beredd på fortsättningen. Det har börjat, enklast där i fåtöljen. Du kunde lika gärna sitta på kudden på golvet, eller var du nu väljer att sitta, i lotusställning med benen korslagda, båda händerna utsträckta vilande på varsitt knä, handflatorna uppåt. För den som inte kan sträcka ut sina händer, armar eller ben, för den som inte har förmågan eller orken att sätta sig ner, för den är situationen annorlunda, ändå möjlig inom. Med en bild av att det är möjligt, inom, lever den, bilden.

Det ringer i telefonen, som du knappt hör, avlägset. Vad du egentligen gör är vaknar till och svarar efter fyra signaler, signaler som till en början hördes långt borta, bortom, långt emellan. De frågade på arbetet om du kunde tänka dig att jobba extra idag. Så är det, livet, när arbetsgivaren behöver kalla in extra personal. "Hur länge ?" frågar du. Det är värt det, ny dag, nya möjligheter, nytt år.

Alla blodsockervärden har förbättrats, märkbart, efter tre veckor regelbunden morgongympa. Kan det bero på medvetenheten, kostregim och alla extra kontrollerna, ett bättre arbetsschema och bättre sömn? Zen, meditationen, har gjort nytta i alla fall. Du har varvat ner, kan ge dig in i ett extrapass på bensinstationen vid rondellen vid infarten till centrum. Det är bilkö till tvätthallen, helgrusch, extrapris på kaffe och bullar. Köp 4 bullar, betala för 3? En dosa snus, tempo, pengar, så avvikande mot vad du nyss känt. Du känner något helt annat, slipper hetsen i kön. Vad du inte ser är att en av bilisterna tar tillfället, gör sitt Zen där, i väntan på sin tur. Det blir lagom. Dörrarna till tvätthallen öppnas, nytvättad kör ut, nästa kör in. Det ryker om muggen, immar på rutan, där i bilen, när föraren gjort sig klar, Zen.

Morgongympa, mental förberedelse. En sprinter optimerar sitt löpsteg med avslappning, riktar sitt energiflöde för maximal effekt. Samma gäller för dig och mig, en vanlig arbetare, eller arbetslös, alla, som kan göra sitt bästa med avslappningen för att kunna få till det där som verkade så krävande. Bilisten gör det. Gör det Zen.

Svettpärlorna bryter ut i din panna, fastän du mådde så där bra. Blodsockret är lågt, dags att fylla på. Det behöver något mer än Zen. Ett snack räcker inte, tomgång, inre larmet tjuter ”påfyllning!” Kön rör sig hela tiden, nyårsdagens rotation. Job rotation på ett och samma ställe, varulagren fylls på, tankningar, smitning, kaffe, tidningar och växthusodlade tulpaner vid ytterdörren. Då händer det. Med en grymtande konstruerad variant av nödrop springer det in en yngre man, håller ett pistolliknande redskap i ena handen, skarpladdad eller attrapp, vet inte. Du trycker på nödlarm, reflex efter väl inövat mönster. Du var oförberedd, men hade nyss skärpt dina sinnen tack vare påfyllning efter blodsockerfallet som väcker först...

Killen, den yngre mannen, skriker, med tom blick. Tomma, inte elaka, ändå innehållslösa, känslofattiga ögon. Något kan du ana små röda kärl, tecknande som små ekrar omkring killens pupiller. Uppenbart påverkad av något är killen som nu viftar runt. Kön skingrar sig, kunderna drar sig bakåt, ut. Någon lägger sig bakom hyllan vid flingpaketen. "Just idag", tänker du. "Ge mig!", hojtar han..."..ge mig, fort..." Killens muntorrhet, reaktionen på förhöjda adrenalinnivåer, stressen det innebär för honom ger sluddrigt tal. Prata i klartext lyckas du mumla, knappt vaken över att det kan vara ett skjutvapen.

Vad ingen vet är hur märkt den här unge mannen varit, hur nära att sluta leva han varit, hur svårt han blivit hanterad. Det är ingen av er på stället som vet. Konsekvenserna av vapen är illavarslande nog. Det kunde vara en total förvirring under blodsockerfall, eller obehandlad depression, med livsleda.

Det är sådant som inte syns, förrän det hänt något, blivit för mycket för någon. Livets allvar, mer än vad nyheterna berättar. Drogerna påverkar oro, smärta, som kommer tillbaka hela tiden tills situationen är löst, upplöst, effekter och bieffekter, biverkningar och beroende. Nyårsdagen. De som mår så där dåligt, har depression, söker hjälp, eller inte.

Någon drar sig undan, som djuren vid fara, gömmer sig från arbetet, gömmer sig från sammanhangen, söker sig bort.

7

Ordningsmakten kommer, efter 15 minuter, cirkulerade i trakten, plockar upp killen med det säkrade vapnet, som inte hunnit göra någon skada. Det var tillräckligt mycket lugn runt omkring, utan provocerande närhet, då alla backade litet för att förstå sammanhanget bättre, klara situationen bättre, bidra på något sätt. Ingen hann reagera med panik riktigt.

Det är tyvärr vanligt, alltför vanligt, med situationer som den där. Övervakningskameran tar över, och risken finns att vi slutar tänka på signalement, konsekvenser med mera när det finns så mycket trygghetssystem med bevakning runt omkring. Killen med vapnet får vård, ett tag, har kvar sina plågande känslor, trista minnen, undrar hur det skall gå att överleva. Så är det för honom, utan blodsockermätare. Ingen vet vad han känner, för han vet det knappt själv. Depression?

Killens känslor lever rövare, skapar oro, irritation, osäkerhet. Alla uttrycken är ventiler för att bli av med sorgen, smärtan. Inte ens drogerna, de illegalt inhandlade sömntabletterna från gatan, ger något. Smärtan finns kvar, även under drogruset som gör det mindre kännbart för stunden. När effekterna av drogintaget går ur och smärtan kommer tillbaka återstår två problem, abstinensen och depressionen som lever om, fortfarande.

Iklädd keps, mörkblå jacka, lagom slitna jeans och en för stor collegetröja ser han ut som många andra. I paniken vispade han runt med ett redskap, som såg ut som något skjutvapen. Det får ordningsmakten ta hand om, och killen landar i förvaring, som regel några nätter för att säkra läget, lugna omgivningen. Vad ingen ser riktigt är hur totalt killens isolering förstärker de smärtor han har, oron som måste ut. Instängd mellan fyra väggar spelar mindre roll, just då. Instängd i sin egen kropp gjorde honom mest ont. Han överlevde de nätterna.

Vid besöket hos psykiater konstateras drogmissbruk, och den underliggande ångesten, depressionen, kunde kanske behandlas, men hur? Enkelt tar vi reda på vad blodsockret är, för den som behöver kolla sitt, en droppe blod, från fingret.

Det är annat med känslorna. Upp med fingret i luften, känn efter, hur mår han, killen? Ingen vet för han vet det knappt själv. Han har ingen koll, men känner.

Ingen hjälp. Någon polare fixar fram några tabletter, "lite fludder", från gatan. Sjukvården har begränsningar, når inte fram. Förtroende, tålamod, varsamhet och regler är vad som krävs och faktiskt fungerar när det givits på rätt sätt. Den som tar insulin vet att det måste skötas rätt, kan få känningar.

En deprimerad kan ha svårt att förklara. Hur ska det gå? Det är en anledning till att sjukvården inte klarar uppdraget, när sjukdomen bryter igenom, med sitt manipulerande av vårdpersonal, nästan tvingar åt sig livsnödvändigt lindrande medel som läkemedelsindustrin plockar fram eller som går att importera, köpa från gatan.

Du drar dig tillbaka från arbetspasset efter dagen, till rummet där du satt i morse, sjunker ner i fåtöljen, där i din tillfälliga vila. Vad ingen vet är att det behövde bli ordning på blodsockret, balans. Varje morgon, samma procedur, med ena handen vilande i den andra, några minuter.

Gör det Zen, och igen.

8

Killen irrar runt på gatorna igen, söker något. Han är litet ryckig, kallsvettas litet, men har ätit nyss. Det är abstinens eller bara ångest. Bara ångest? Hur hjärtat vibrerar, pulserar så högt att det tjuter i öronen på honom. Det är plågande, det där tinnitus. Ingen begriper.

Läkemedlen och lösningsmedel som han testade för att fly bort, få vård en stund, komma undan livets innehåll som han inte upptäckt än, riktigt, gjorde bara skada.

Han fick inte känna sig riktigt smärtfri. Bara ångest kan man inte säga, bara... I det tillståndet är det ingen enkel uppgift att finna telefonnumret till NA, anonyma narkomaner.

De har behandling, som fungerar, bygger på trovärdighet, anonymitet och insikt. Det går inte utan insikt.

De första stegen dit behöver en adress, ett telefonnummer. Då kommer polaren, som nyss sålt ”lite fludder”. Han vill ha fullt betalt nu, alternativ dagsedel. Det blir nya rån, tillfälliga lösningar som bara skadar. Självskadebeteende. Ångest !

Det går att reparera, har han hört någonstans, men hör inte annat än tjutet i öronen, och någon röst, och ser konturen av en rätt så ”krallig”, diskret skepnad med boots, skinnjacka, uppknäppt skjorta också ribbstickad mössa på huvudet. Det är kallt, på alla sätt. Känslokallt. Blodsockret har ingen tänkt på, även om det smackat litet i munnen, med tungan som läskpapper torrt klibbande i gommen. Det är adrenalinet, stressen som orsakar. Ångest, det tänder direkt. Flykt.

Från noll till hundra på några sekunder, det är outhärdligt, några snabba steg, springer från platsen, planlöst, vet inte var han är på väg. Kuriren, som han nyss mötte, har fått fart på sina boots också, sätter efter. Depressionen, som egentligen borde behandlas, får inget utrymme nu när flykten tar över och vad som helst kan hända. De som ser hinner knappt uppfatta två individer som drar iväg igenom stadsskogen, på cykelbanorna några hundra meter, innan vila. Panik! Hjärtat flimrar, blicken flackar, tungan är torr.

Det är gråt i halsen, kväver ett skrik, ilsken, förvirrad, allt på en gång. Varför just nu, igen... Flykt.

Så ser det ut, fast ingen kan veta, för han kan inte förklara. Ett kort ögonblick i säkerhet, söker sig till en tillfällig bostad, lägenheten som hemkommunen tvunget ordnat. Någon har försökt nå fram med budskap, följer med till sjukvården för att få recept, som troligen konsumeras delvis rätt, delvis mindre ändamålsenligt. Med tillit från rätt person i rätt läge kan situationen ordna sig. NA, AA, Al-anon fungerar för det mesta eftersom ingen kommer undan sig själv där.

Det är erkännandet, insikt och en slags meditation över sin tillvaro. Gör det Zen, kunde fungera, men det vet vi inte riktigt, för vi har inga studier. Diabetes har många studier, och ändå är det så mycket risker, komplikationer och annat.

Det spelar ingen roll, för han hittar inte dit just nu, killen som är jagad, mest av sin depression igenom hela sig. Han har ingen fåtölj, har inte provat Zen. Övningen han ägnat sig åt liknar mest kampsporter, "Le parcours du combattant".

Något måste göras, och det kvickt i det här tillståndet när allt är på väg att explodera okontrollerbart. Ingen vet, för han vet inte själv, kan inte förklara...

9

Extrajobbet på bensinstationen är tillfälligt, gör litet annat med situationen än det där borta på linoleumfabriken, även om materialen, råvaran är naturligare i golvtillverkningen. Skiftarbete och svängande blodsocker ger biverkningar.

Tjejen på macken gjorde dessutom smidigare, flexiblare arbetsschema, andra tider, andra uppgifter som passar läget bättre. Det är några dagar sedan ruschen på nyårsdagen.

Så är läget, och där på bordet framför dig har du ett två år gammalt nummer av "ScienceAlert", år 2017. Brittiska läkare har nått ännu en framgång, hittade diabetes typ 3c då. Det fanns tidigare väl bara två kända sorter, tänker du?

Forskning på kroppen, sjukdomar och inflammationer, men fortfarande inget om depression vid diabetes. Det vet den som varit deprimerad, eller haft svår ångest, att det kan lindra ångesten att meditera. Zen är en del av det hela, läkandet. Du får bättre blodsocker.

Du slänger iväg tidningen på högen i pappersinsamlingen, suckar litet, tar ett par djupa andetag, lyssnar litet. Då hör du där ute ett flåsande, litet smackande ljud. Det är visst fler som skall övernatta på det där härbärget du funnit din inre balans, fått utrymme att meditera. Tid, finns det allt. Utrymme, det är värre. Fåtöljen är lika bekväm som tidigare, och du sjunker ner, kommer till ro en kort stund, känner sedan att något inte stämmer. Du reser dig upp, kikar genom gardinen och ser en kille, som ser bekant ut.

Killen babblar litet för sig själv där, fingrar på en nyckel mot låset, bankar i dörren som inte ville öppna sig trots att han tryckte in nyckeln i låset, vridit om nästan ett helt varv.

Gamla lås, tänker du. Du knackar på rutan, killen stirrar upp mot dig, pupillerna lika stora som förra gången ni sågs på macken. Nu är han befriad från sina röda ögon, har litet yvigare frisyr, utan keps, och trampar, uppenbart i behov av att rasta sig litet. Du öppnar fönstret:

– Behöver du låna dasset?
– ..ja.. visst...schysst, smackar han fram.

Du öppnar dörren, killen smiter in, i leriga dojor, trampar, rycker i blixtlåset lite och smäller igen toa-dörren.... Det skvalar, är tyst en stund, sedan hörs ett jämrande ljud, och killen pyser ut, slår igen dörren, fortsätter till sitt ställe, rycker upp dörren, nu med nyckeln hela varvet runt lyckas du se, klart vaken efter Zen och det oväntade besöket.

– Psst, schysst... hör du svagt, innan killen snabbt drar igen dörren in till sitt tillfälliga kvartande.

I senaste numret ”ScienceAlert” står om klimatet. Det landar också i högen av tidningar, till pappersinsamlingen. Vad har killen för trubbel? Det nya året är på väg in i nästa skede. Du anar inget, än...

10

Det skrapar litet, raspar, vid dörren. En långsvansad krabat, ute i det fria, tar ett par skutt på fönsterblecket där bredvid dörren. Töandet avslöjar ett helt julbord, från sensommaren, rester, en del av en tumvante kikar upp ur snön. Några skutt längs granstammen vid husväggen ger skydd åt kottjägaren som klarar sig utmärkt bättre utan hjulet. Inga andra ljud, förrän den tillfällige grannen börjar röra på sig, verkar ha svårt att komma till ro, knatar runt, knackar litet i elementet, snackar litet för sig själv. Det är abstinensen som lämnat honom, övergår i samma trista nedstämdhet som han försökte skingra med alla sorters medel, utan att lyckas. Det är ett diaboliskt påfund, depression, ångest. Han skriker i handflatan, bankar knytnäven i väggen, tre-fyra... fem gånger. Ljudet av hasande fötter når dig.

Du kliver upp ur sängen, undrar litet, kollar blodsockret som är ok. Hur... ?

Sömnlösa nätter kan vara frustrerande för vem som helst, särskilt med en djup depression som i nattens tomma mörker inte försvinner någonstans. Den lille ekorren tittar nyfiket, som om den kunde hjälpa på något sätt? Alldeles blöt i pannan, sårig på knogarna kommer han ut, grannen, killen från macken, dörren vidöppen, blänger på granen, kastar ett par gamla batterier mot grenen där ekorren kan ha suttit för någon sekund sedan, lagom undrande vad batterierna är till för eftersom granen inte har någon belysning. Ingen vet hur killen mår, för han vet inte själv... Ingen begriper.

Då svimmar han. Du ser igenkännande på den kallsvettiga

pannan, det bleka kalla ansiktet, smackande, torra läppar, fingrar som skakar litet. Visst, det liknar ett blodsockerfall.

Han har förmodligen inte ätit, på länge. Blodsockret är lågt, på mätaren. Du försöker få kontakt, knackar litet på honom och får blygsamma reaktioner. Slö, blek och knäsvag reser killen på sig, följer med in.

Den som har träffat på personer som är mitt i sitt beroende ser skillnad på, känner igen en depression utan ruset, och de ansiktsuttryck som beroendet genom sitt manipulerande av personer kan ha. Under de korta stunder blodsockerfallet påverkar är han slö, killen. En del ofrivilliga ryckningar, flykt sitter i. Lagom distans. En depression kan slå över, av den ständiga stress det innebär att hela tiden känna sig förtvivlad, tom, ilsken på något, av något eller bara ändå.

Med erfarenhet av sjukvården har du insett att det inte alltid håller att säga "du får söka för det där..."

Killen hade inte berättat, men du kunde ana att det fanns djupare behov, om att komma bort från allt. En sliten kämpe med sina minnen, som blivit dubbelt problematiska av alla droger, metoder, kontroller utan några riktiga diagnoser eller arbeten. Pengar i läkemedel, som snabbt omsätts till något annat, i utbyte. Tjänster, gentjänster. Att depression kunde ge högt blodsocker av stressen under några år hade ni inte riktigt tänkt just då. Den situationen gav lågt blodsocker, en reaktion på alkohol och droger som pressat läget extra.

Du hade frågat några vad de tänkte om depression, fick inga vettiga svar. Men om diabetes möter vi mycket medlidande, och okunnighet trots att vi är så upplysta. Killen var nära kollaps, skakade.

11

Du försökte varva ner igen, satte dig i fåtöljen, killen vid köksbordet, ögonen tomma riktade mot dig. Zen fungerar, visst, även nu. Killen tittar på dig, ger intrycket att vilja se mer. Efter några minuter, du känner att killen är kvar i sina tankar, så sätter han sig på liknande sätt, med händerna i sitt knä, handflatorna vända uppåt, tummarna lätt lutade mot varandra. Han börjar andas.

Du märkte något nytt, att det sättet att andas på inte var som innan. Killen försökte varva ner. Den grå slöjan omkring honom, som med uppdragna axlar, ryckiga steg, splittrade auran omkring honom lyftes åt sidan, som gardinen sveptes den undan, lyfte från rummet, gav killen lugnare anletsdrag.

Ögonen vaknade, återfick litet liv, litet, fortfarande något tomma riktade mot dig, nu med halvslutna ögonlock. Du satt kvar, några minuter till. Killen tog efter, verkade finna ro, på något sätt:

- .. Schysst...
- …

(svarade inte, satt kvar....)

- ..Va hetere' ?
- ..Zen. Jag mediterar...
- ...schysst...

Att föra dialog med tre ord är ingen höjdare, när det gäller meningsbyggnad och annat, ändå sägs det så mycket annat mellan raderna. Ingen av er sökte efter senaste nytt från ScienceAlert eller Horizon 2020 eller EU eller klimatfrågor, som diskuteras öppet på nyheterna blandat med förkylningar hos spädbarn och kioskvältarnoveller som ingen kommer ihåg namnen på. Ingen av er läste Tjechov eller GW Perssons senaste för tillfället heller. Ni var båda fullt upptagna med livet. Den ene med diabetes, den andre med depression.

Vad är värst ? Ingen vet, för det är svårt att förklara, men det går att lära sig att hantera.

- ..Va hette re'.. Senn' ? Frågade killen
- Ja, Zen, det är meditation.
- ..schysst,...

Det är oklart om killen fortsätter med Zen, men klart är att båda överlevde även den natten, när killen gick iväg till sitt, och du kunde med bättre metabol kontroll, som det så fint heter idag, ett ordnat inre, harmoni och balans etc, få bättre motståndskraft i västvärldens kravfyllda civilisation.

Det finns berättelser i det oändliga, om tillvaron.

Sjukvården, släptåget, arbetar fortfarande under påbud från läkemedelsindustrin, riktlinjer och myndighetstvång trots att EU med RESPECT verkar för att attrahera politiskt mjukare ledarskap, initiativ, upptäckarglädje, bättre förutsättningar samt att med trovärdighet främja förvaltandet av natur och miljö, globalt. Horizon 2020 har inte lyckats rekommendera något konkret för vårt psyke, hälsan och välbefinnandet. Det råder vi själva över, påverkbara. Vi har mycket att arbeta för...

Källhänvisningar;

Med studier om hälsa från Haag
är andelen uppmätta lag
i känsla och rot
en påtaglig kvot,
har andra personlighetsdrag

12

Vi sätter oss in i situationen att ha högt blodsocker, alltid väl värt att kontrollera. Du kanske redan vet hur det är?

De symptom som beskrivs är tydligt beskrivna, fysiska och det kan vi lära oss att förstå.

Tänk dig sedan symptomen från ditt autonoma nervsystem, när inga impulser svarar som de ska. Det blir ett tomt hål i bröstet när du egentligen kunde känna något. Du blir trött i kroppen utan att veta riktigt, mår illa utan att veta riktigt.

Den som har levt med diabetes typ 1, som förut kallades barn-/ungdomsdiabetes, vet mycket väl, känner alldeles för väl igen det här. Det är därför livsviktigt självbestämmandet och egenvården, att själv få ta ansvar, få resurserna, tillgång till allt så att livet får bli så där normalt som det kan vara. Normal..., vad är det?

Hur många tänker på depression i sammanhanget diabetes? Det är bara de som känner det så, vet om någon som har eller som på grund av en ständig dysterhet söker hjälp. Nedstämd av diabetes. Sambandet är starkt, uttalat, underskattat. Då räcker inte den metabola kontrollen, bra mätvärden även om de är nödvändiga för hälsan i övrigt.

Begreppet ”Normal” kan diskuteras. TV-nyheterna visade nyligen upp studieresultaten av 1.5 miljoner människor vid Northwestern Univsrsity i delstaten Illinois, USA, år 2018.

Där fann man att en minoritet har personligheten ”normal”, även när många kan klassificeras som ”average”.

Det finns fler mätmetoder, som William Moulton Marstons analyser vilande på C G Jungs problembaserade tolkningar.

Eller Myers Briggs välanvända typindikatorer som delar in oss i 16 olika sorter, persondynamiskt, tämligen användbart i konflikthantering men inte vid rekrytering då det saknar korrelation till att förutsäga arbetsförmåga. Färgerna skiljer sig också en del i båda dessa modeller, med tolkningar som skiljer sig åt, precis som alla vi gör. Moulton Marstons DISC-test, bygger på uppgifter vs. lösningar, mer än förebildens, Jung, som är problembaserade. William Moulton Marston är känd efter att han monitorerade, mätte det systoliska, höga, blodtrycket samt skapade en av de första lögndetektorerna.

Redan i Olympen, gamla Grekland, fanns målen att förstå känslor, beteenden och tillvaron. Filosofi och psykologi levde upp. Idag har det blivit uppmätt, med vissa utgångsdata. Några analyser av personlighetstyperna har sitt ursprung i Sigmund Freuds läror om psykoanalys, psykodynamik.

Testerna anger olika resultat, t o m för samma person som kan utföra sitt test med olika resultat beroende av situation. Precis som blodsockret svänger det,

Att normgruppen, "normal", blir minoritet stärker behovet av vettiga strukturer för omhändertagande, vård och omsorg, även för den gruppen. Vad är normal, egentligen? Att få vara som man är, utan skada för sig själv eller någon annan.

En forskargrupp i Nederländerna tog år 2016 fram data från studien "Incidence Study-2" och visar att en fjärdedel, 25% har 1-2 symptom på emotionellt instabila personlighetsdrag, s k BPD, borderline. Då är det naturligt att tänka sig de höga siffrorna om nedstämdhet, depression som WHO presenterat.

En deprimerad person hamnar längre bak i kön, initiativlöst, när resten av världens idag, år 2020 3 januari, 7.75 miljarder människor kommer före, tar sig fram, ropar högre. I alla katastroflägen vill du först få överblick, se hur många som inte kan larma p g a sin hämmade, utslätade tillvaro.

Föreställ dig nu, istället för som med blodsockret, att du vaknar med en obeskrivlig hjärtklappning, ymnigt svettig, lätt frusen, medveten om att du har normalt blodsocker, som du nyss tagit, att du är hjärtfrisk, för det är konstaterat och all din ekonomi, arbete, dina relationer fungerar. Ändå har du en känsla som vibrerar en del i hela kroppen. Dina händer känns fumliga och du vet inte om du ska sitta, gå eller stå. Att lägga sig i sängen tar inte bort den sortens oro. Tänk ett tomt rum, kala väggar, utan fönster, en liten dörr utan handtag, och du sitter där på en träpall med tre ben. Det enda ljudet du hör är ett svagt, högfrekvent "..zzzzz..." Tinnitus, öronsuset.

Det blir indifferent, variationslöst, flackt, tomt. Så kan den deprimerade beskriva sin tillvaro, med eller utan ångest.

Den här jämförelsen är bara en förklaring som någon sade. Så när världens befolkning ökar, "worldometers.info" visar hur många vi är, ökar ohälsan lika mycket som hälsan. Det är säkert. Vi mäter blodsockret, korrekt när du har tillräcklig droppe blod på mätstickan, i nykalibrerad blodsockermätare.

Men, vi mäter inte hur vi mår, uppskattar, med metoder tolkar vi resultat som sedan registreras i en databank utan att vi gör något åt dem, alla data.

Psykiatrin arbetar olika, erbjuder oss fluktuerande variation. Några konstaterar fakta, att risker och komplikationer är för höga.Några arbetar ideellt "for the cause", utan profitintresse. Andra söker kapital, att köpa sig fria, köpa sig tillflykt trots att de inte kan resa bort från sig själva. De små barnen, våra nya själar som blir fler och fler håller igång systemet. Våra sammanhang lever upp, får variation tack vare alla oss. Vi är vackert nyskapande människor, hela tiden, kommer ihåg.

Minns du, den där blomman du köpte, luktade litet på, det där charmiga stället, en fika med någon som du längtar efter att få se, en bra bok eller det seriösa samtalet om livet. Allt får betydelse. Vi har massor att arbeta för, tillvaron. Det svänger om oss, i oss, hit och dit, fram och tillbaka. Vi reser, lär oss och utbyter allt möjligt. Allt kan bli möjligt. *Hälsa är färskvara!*

Så, i några enkla små stories kommer samhällets betydelse och inverkan på oss, diabetes eller ej, depression eller ej, att förklaras närmare.

När det idag blivit lagreglerat att förebygga ohälsa i företag är det få företag som lyckats upptäcka det. Nyfikenheten är fortfarande bristvara. För den som lever med depression, som verkligen fått uppleva skillnaden mot att må bra, är det klara valet hälsa. Nyfikenhet kan mätas, CQ, Curiosity Quotient.

Våra erfarenheter är grunden för hur vi tar emot nya intryck och tolkningarna bygger oftare på styrka än på sanning. Det är därför välgörande med politiska incitament "soft power" som hjälper till att skapa de förutsättningar vi behöver för att nå och behålla nyfikenheten, upptäckarglädjen i att vilja må bra. För någon som lever med depression, eller diabetes, eller både och som det ofta är utan att vi får information på rätt ställe, för den är det verklighet hur ett mjukare ledarskap ger bättre näring, bättre läkning. Det blir hälsa mer än ohälsa. Allt som vi mäter, hanterar, värderar kan inte alltid placeras i siffror eller snygga kolumner.

Se Worldometers.info, där får du måtten på vatten, hälsa, energi, befolkning m m, men inte hur vi egentligen mår. Depression, ångest och psykisk ohälsa är så omfattande med sina mörkertal. Mörker i dubbel bemärkelse är konstaterat förut. Det är därför ljusbehandling fungerar, när det väcker emotionerna, minnescentrum, som hippocampus till liv. Våra nerver, hormoner får en mjukare svängning. Kroppen hinner med bättre. Den autoregulation som reglererar blodtrycket i hjärnan påverkar helt hur vi mår, vår perception av intryck.

Det talas om diabetes typ 3, som är en slags insulinresistens, ett motstånd mot insulinet i cellerna som inte vill koppla på, vill inte ta upp blodsocker med påföljderna att cellerna inte fungerar som de ska, blir dysfunktionella. Dystymi i känslocentrum. Det finns mängder av studier under senare år.

Fotnötterna (”fotnoter” skall det heta) brukar stå i slutet av en bok, för att bli överskådliga. Den konstnärliga friheten prioriterar bort det här; Nästa sida ger en kort exposé med källhänvisningar för den kritiske läsaren att granska, följa upp eller bara få veta mer. Det finns så mycket att upptäcka:

Artiklar:

1. Curr Neuropharmacol. 2011 Dec;9(4):693-705. doi: 10.2174/157015911798376334. ***Consequences of Aberrant Insulin Regulation in the Brain: Can Treating Diabetes be Effective for Alzheimer's Disease***
2. Ophthalmology. 1982 Jul;89(7):748-50. ***Retinal vascular autoregulation in diabetes mellitus.***
3. Front Neurol. 2019 Jun 26;10:649. doi: 10.3389/fneur.2019.00649. ECollection 2019. ***Hypothesis and Theory: Circulating Alzheimer's-Related Biomarkers in Type 2 Diabetes. Insight From the Goto-Kakizaki Rat.***
4. J Med Life. 2016 Apr-Jun; 9(2): 120–125. ***The association between Diabetes mellitus and Depression***
5. Psychoneuroendocrinology. 2011 Oct;36(9):1276-86. doi: 10.1016/j.psyneuen.2011.03.005. Epub 2011 Apr 6.***The relationship of depression and diabetes: pathophysiological and treatment implications.***
6. Orv Hetil. 2011 Mar 27;152(13):498-504. doi: 10.1556/OH.2011.29070. **[Clinical aspects of the link between diabetes and depression].**
7. J Indian Med Assoc. 2004 Oct;102(10):554-6. ***Depression and diabetes: a risky comorbidity.***
8. Feingold KR, Anawalt B, Boyce A, et al., editors. South Dartmouth (MA): MDText.com, Inc.; 2000-.***The Role of Exercise in Diabetes.*** (*Created 16 November 2019)*
9. BMC Psychiatry. 2016; 16: 249. Published online 2016 Jul 19.doi:10.1186/s12888-016-0939- ***Prevalence rates of borderline personality disorder symptoms: a study based on the Netherlands Mental Health Survey and Incidence Study-2***

Att läsa artiklar kräver visst intresse, engagement, bildning i det fackmässiga språk, nomenklaturen som används. Det är inte så säkert att någon som lever med depression anstränger sig, eller finner artiklar, när behovet att överleva är som störst. Klart är sambandet depression – diabetes i varje fall.

Intressant är särskilt att se datumen, så långt tillbaka som år 1982, nästan fyrtio år sedan, *ref nr 2,* finns studier, noggranna mätningar som gjorts avseende ögonen och diabetes. Det har senare bidragit till de riktlinjer vi följer om ögonbottenfoto på alla som har högt blodsocker sedan dess, bättre upp.

Om du inte är van att se källhänvisningar kan det förklaras. Det är regel att ange vilken erkänd vetenskaplig tidskrift som publicerat nyheten, mediets/ tidskriftens namn, årtal, månad och sidhänvisning för klarheten, gärna i den ordningen. Att det är förkortade versioner här beror på att så skriver man. Artiklarnas namn anger vad de innehåller, rimligen. Som regel ska även författarna stå med, och de finns namngivna i var och en av referenserna här på förra sidan, som vem som helst är fri att kontrollera...

Ref nr 8 är så pass ny, så färsk att det får hänvisas till själva forskarlaget och deras namn på just den studien. Artiklar om andra neuropsykiatriska tillstånd finns med här för att visa på den bredd som krävs och som faktiskt redan finns, apropå forskning.

I just den, *ref nr 8,* är det beskrivet om motion, exercise, som inkluderar i texten, studiens resultat effekter på depression.

Klart är att det finns samband, att det är dubbelt så många av de som har högt blodsocker, lever med sockersjuka/ diabetes som också lever med depression.

Det är en enkel slutsats att tänka det omvända, stress och depression, som är en påtaglig hjärnstress mer än mycket annat, påverkar oss och ger högt blodsocker. Diabetes typ 3, eller som det stod i mediet ScienseAlert 2017 om diabetes typ 3c är namnet på vårt senaste diagnosförslag. Listan kan göras oändlig över alla de diagnoser, symptomkaskader i tillvaron som forskningen sätter namn på. Under tiden är den som lever med depression i fortsatt vårdkö, ropar på hjälp, kvävs inombords av känslor som är så svåra att ingen mätmetod, blodsockermätare i världen kan analysera läget riktigt. Se *ref nr 7;* Hur löser vi nu uppgiften?

Personlighetstesterna med färgglada indelningar, DISC-analyser, OCEAN m m blir populärvetenskap att snacka om vid kaffet, utan att det hjälper den som behöver. Det är skillnad att läsa sitt horoskop i kvälls- och veckotidningar bland annat uppseendeväckande desinformerande, tryckt exploatering av personer som istället för att få leva sina liv skall bli uppvisade i massmedia, som marionetter/dockor. ”Puppets on strings”, sådana kan vi bli, om vi inte hejdar oss från den uppmärksamheten. De som söker nyheter tar del.

Det är klart att en förälders, oftast en mamma, omsorg gör gott för det lilla barnet som har en förkylning, men det beror på närheten, omtanken, omhuldandet och den trygga famnen mer än några orimliga förklaringar på snuva. Koksaltlösning tvättar ren i näsan, sköljer bort det kladdiga, utan att förstöra något annat. Den omsorgen får barnet med sig, har bättre skydd mot snuva senare i livet.

Ett barn som bara får ett ”såja, det går över”, kan riskera bära sina egentliga funderingar inom sig i bristen på tillit.

Tonåringar, unga vuxna är den stora riskgruppen. Deppiga hörs mest, för de deprimerade drar sig undan, tassar tillbaka in i de tystaste vrårna, på tårna.

Populärmetoderna har sina ursprung, i från början nyfiken upptäcktarlust från någon uppfinningsrik individ. Analyser färgar olika. Bli källkritisk, se verklighetens ljus, möjligheten att få leva i god hälsa, för den finns där, upprinnelsen till den.

Insnärjd i sammanhang som påverkar negativt är ohälsa, en ohälsa som företagen idag får skulden för ofrivilligt. Allt har inte med arbetet att göra. Livet i stort kan ingen sjukskrivas ifrån. Där börjar den, problemlösningen.

För den som mäter sitt blodsocker varje dag, varje måltid blir det snabbt en rutin, något självklart som inte ens behöver noteras ytterligare.

För den som lever med depression är vägarna ut ur mörkret, tomhetens plågande smärtor, ångest över tillvaron, osynliga barriärer mot allt nyskapande, tillverkande som ger hälsa.

Konstnärer har beskrivit olika. Psykisk ohälsa, vad William Cullen döpte till neuros hundra år före Sigmund Freuds egna analyser.

Livet blir en konstart, där vi samlar poäng. Det kommer vi inte ifrån, är värda att få delta direktkvalificerade utan andra kval i fortsättningen, i tillvaron, levande mer än överlevande.

Blodsockermätaren är rätt säker, fungerar för det mesta, visar sig snabbt om det inte fungerar. Så är det, med livet, men då kan det vara i senaste laget.
Därför behöver vi förebygga mer. Vi lär oss...

Aha ! Så hade vi upptäckt det, proactive KBT-online, att dela med sig till företagen eftersom vi är skyldiga enligt lag att tänka förebyggande idag. Det är kuren för viss psykisk hälsa, KBT. För psykisk hälsa, mot psykisk ohälsa.

En kur KBT på några tillfällen är i grunden riktad mot fobi, en del enklare tvångsstörningar, -beteenden. Det används på ett sätt som är långt över ändamålet eftersom det visats effekt och behovet hos myndigheten att finna lösningar gör att varje lösning används frikostigt utan övervägande av det egentliga ändamålet. Det blir till slut liksom att använda, ge, insulin istället för penicillin, penicillin istället för insulin.

När det gäller vår psykiska hälsa, ohälsan, är bristen på insikter, trots att vi har viss kunskap, så omfattande att vi använder nästan vilka medel som helst, t o m lösningsmedel eller husdjurens antiepileptika i de halvhjärtade försök till självskada som många faktiskt åstadkommer i bristen på stöd hos seriösa vårdgivare i genuina vårdmodeller.

För någon som behöver behandla diabetes, sitt blodsocker, är kontrollerna något bättre tack vare kontrollerandet av våra fysiska status. Då passar vårdgivaren på att fråga om annat, i bästa fall ringa in hur vederbörande mår utöver sviktande autoregulation som är mätbart, väcker nyfikenheten, inte lika luddigt. Det är klart att antidepressiva läkemedel kan hjälpa.

Det är också klart att KBT kan hjälpa de verkligt behövande med de symptom som är behandlingsbara med just KBT (kognitiv beteendeterapi, kognitiv = inlärd).

”Behandlingsångest”. ”Trygghetsnarkomani”. Har du hört uttrycken förut? Sjukvården gillar att presentera resultat som kan tala för kompetens, skicklighet och framgång. Forskning.

”Det är fint det”, sade hon, på bredaste skånska, damen från Limhamn, uppflyttad till nordligare delar i vår hemisfär (den norra, som inte bör förväxlas med högra eller vänstra vilket kunde väcka viss oro av naturliga skäl om vi blandar jordens två halvor med hjärnans rationellt logiska resp emotionella/ mindre logiska sida. Det kan rimligen vara den mindre logiska som svarat irrationellt då...)

Efter en stunds skrivande, läsande av artiklar kan orden bli spontant levande, kommer som de vill. Prova får du se. En artikel leder snabbt till en annan när frågorna blir till hälften besvarade, ungefär som många provresultat hos sjukvården.

Nu vet vi, att varje person som lever med diabetes lever också i dubbelt så hög utsträckning med depression, ångest.

Det är stress i depression. Hjärnstress. Datorer, appar och annat är hjälpmedel som när de används på rätt sätt är smarta lösningar, datamängder samlade i arkiv som du lätt bär med dig. Det avlastar, faktiskt, för en hel del.

Tänk på att den mänskliga hjärnan, förutom att blanda ihop jordens halvor med hjärnhemisfärer har lyckats konstruera artificiell intelligens (AI), utveckla LED-ljus, skicka hundar ut i rymden, fast det var länge sedan, 50 år, Laika åkte till väders för att utsättas för prövning som kosmonaut, med en mängd mätinstrument som också gick upp i rök. Mätresultat som blodsocker gav annat än hos de anslutande hundar som Minkowski och von Merring på 1700-talet plockade ut den livsnödvändiga bukspottkörteln på?

De experimenten har vi lärt oss av, ungefärligt synkront med upptäckten gällande vårt behov av något i luften, när en för sin tid något proaktiv vetenskapsman spänstigt konstaterade att fågeln under tät glaskupa tuppade av för att kvickna till när den ivrige vetenskapsmannen lyfte glaskupan, släppte in luft, och upprepade gång på gång liksom det var för svårt att fatta helheten på en gång. Lustfyllt? Nä, galet! Men, ändå...

Där åskådliggjordes simpelt slutsatserna att det är något i luften som behövs för vår inspiration, livsgnistan, tillvaron.

Det kräver en del känslohämning att utföra experiment som orsakar lidande. Idag har utvecklingen gått något framåt, litet, med hänsyn och respekt till viss del genom lagstiftning, men det är fortfarande ohyggliga resor vi utsätter alla våra medresenärer för.

Kåserier är inte alltid lösningen på nedstämdhet, men humor piggar upp har vi sett studieresultat på.

”Det är fint det”, citerar bredaste skånskan (dialekten mer än sätet).

Human resource;

A masterclass in Aberdeen
creating music morover seen
while undefined
that complex mind
will softly prosper on the screen

Fortsättning följer, än mer att arbeta för...

1 januari 2020
Mikael Nehrer

15

IDA, Industrial Development Authority, på Irland har aktivt sökt samarbete utanför gränserna, för att de genom att säkra sina arbetstillfällen bidrar till världshandel med kunskaperna Irland har att erbjuda idag, inte minst inom IT-säkerhet.

I ett gemensamt avtal mellan staden Limerick på Irland, och staden Austin, Texas, signerat i januari 2019, klargjordes mål och ambitioner att utbyta ideer, stödja varandras innovationer för deras globala nätverk. Irland har sitt goda anseende inom områden som säkerhet, teknologi i nätverk (cybersystem), kryptering, hantering av säkra lösenord, dataöverföring via internet, delvis genom det nya begreppet ”Syntegration”.

Redan ett par månader efter tecknande av avtalet med Limerick, Irland etablerade företaget ”Forcepoint” från Texas USA, ett kontor i den närliggande staden Cork, Irland, för att ytterligare säkra de gemensamma insatserna för bättre globalt utbyte, närmare hälsa. Sådant som förut behövde göras var för sig kan nu utföras simultant, med ”interconnectability” där datorerna får arbeta metodiskt systematiskt samtidigt med smartare lösningar på de komplicerade situationer den nya världen utvecklar fortare, i en ständigt accelererande utveckling.

Hälsa? Allt som berör integritet, övervakning, informations-utbyte idag när mycket är binär information, ettor och nollor i rasande tempo medför att våra natursköna miljöer får ännu större betydelse så länge den får finnas kvar, naturen.

Vi bör hänga med utan att behöva skynda. Från hängmattan gungar vi i takt med utvecklingen. Det svänger om det, livet.

De flesta har känt, någon gång, hur vackert det kan vara när naturen blomstrar, fritt. De som lever med depression är inte lika smickrade av våren, eller hösten, eftersom deras innersta, de endogena, inre, hormonernas svängningar dessvärre kan ha sina värsta perioder då, under våren eller hösten. Det är därför så skapande viktigt att få vara del av en meningsfull tillvaro.

Med hänsyn till att ö-världar lätt blir isolerande ger ett bilateralt, ömsesidigt, avtal transatlantiskt, över världshaven, möjligen god avkastning på många sätt även för hälsan för länder som Irland med USA.

Det är genom närheten till, känslan för, att kunna påverka som läkning, helande får tillbaka energin för sin livskraft. Självförtroendet ökar, när det sker i takt med resurserna, de egna förmågorna att förstå, se samband. Du hänger med.

Irländarna insåg nyttan av att säkra arbetstillfällen samtidigt med utvecklingen, emedan amerikanerna har fördelar av att få säkra baser inom EU, europa, för handelsekonomin i stort.

Det enda realkapitalet, människan, behöver är god hälsa för att fungera. God näring innehåller arbetstillfällen i god miljö. Så är det skrivet i vår egen hälso- och sjukvårdslag, HSL, senaste versionen (2017:30) 3 kap 1 §:

"Målet med hälso- och sjukvården är en god hälsa och en vård på lika villkor för hela befolkningen.Vården ska ges med respekt för alla människors lika värde och för den enskilda människans värdighet. Den som har det största behovet av hälso- och sjukvård ska ges företräde till vården."

Den där sista meningen är orealistisk att efterleva som vårt samhälle ser ut idag. Den som har störst behov söker sällan vård först. Därför blir hela systemet ohållbart.

(I versionen tidigare stod också. " *--- positiv livsmiljö ---"*)

Hållbarhet, *"sustainability"*, hör vi diskuteras mycket. När en vårdsökande blir ett vårdpaket i större vårdpaket känns det mindre hållbart. Vårdpaketet ingår sedan i ett värdpaket, där SKLhälsarvälkommen till en konferens, förklarar principer, bestämmer, fördelar medel. SKL ärförtroendeförbundet , ett organ, Sveriges kommuner & landsting / regioner. De har plikten att ge oss kunskap om arbetsmiljölagar, AML; alla versioner utan att de andas så mycket som "förebyggande" fast det finns där tydligt beskrivet i lagstiftningen, uppdraget åt skyddsombuden. Vilka organ behöver vi mest?

(*SKL blev SKR, ett år efter namnbytet, under kongress 27 nov 2019 utan förebyggande...)*

Arbetstillfällen, det ska finnas, säger arbetsmarknadsformen. Sjukskrivningsprocesser, de skall förenklas, säger staten. Förebyggande..? Proaktiv saknas i beskrivningarna här ovan.

Den som har sjukdom, hinder att tjäna sitt dagliga arvode kompenseras en del genom ett försäkringssystem som inte tar hänsyn till vilken sorts behov individen har, utan enbart hur många kronor och ören, eller euro eller vilken mängd valuta som nu gäller. Då är det redan sent nog. Förebyggande är en väg att reducera ohälsan, men det får inte samma utrymme på konferenserna via SKL. Deprimerande fakta.

För någon med högt blodsocker är arbetet med den egna hälsan en heltidssysselsättning. För någon med depression är stämningsläget funktionsnedsättande heltid. Sustainability, hållbarhet är ersatt av syntegration, samverkan och förening. PM, förebyggande? Hållbarhetstiden har vi passerat...

Hälsa är färskvara !
"---har ont i ontet---", så står att läs i en patientjournal i ett sammanhang, en patients berättelse. Några får sina rader byråkratiskt, tekniskt fulländat presenterat i journaler. Men, tänk om det inte stämmer, vad som står där?

Hälsa är färskvara !
"---vill inte ha medicin trots att han gått två veckor över tiden---" kan vi läsa i en annan journal, även den tekniskt perfekt med dåtidens mått, skrivmaskin och färgade band, ocensurerat, okorrigerat för läkarsekreteraren visste vad hon gjorde (oftast en kvinna, som kunde sitt jobb... även för en manlig patient)

Hälsa är färskvara !
Hur ska det kunna förklara att minnet har så stor betydelse för vår perception, och att vi via anknytningen, tryggheten får mest kännedom om vilka vi är? Ordet, kännedom, hur det beskriver att känna mer än att veta. Kännedom om sig själv.

16

Den äldre läkarkollegan, överläkaren på medicinkliniken frågade sin yngre nyanställde kollega AT-läkaren:
"Vad var det för medicin du gav patienten ? Han sade att han mådde så bra på den."
AT-läkaren försökte komma ihåg namnen på de läkemedel som överläkaren ordinerat vid ronden. AT-läkarens uppgift att överföra ordinationen med givna läkemedel hade visst gjort effekt, mer än någon hade tänkt sig.

Så kan det se ut, när du har en vilja, ett ärligt syfte att ge mer än bara ett läkemedel. Det var förstås inget av de läkemedel som var ordinerade, vilket överläkaren visste när AT-läkaren, som efter att ha räknat upp de få läkemedel som ordinerades, upprepat fick samma svar av sin äldre kollega:
"Nej, det var inte det, vilken var den, medicinen?"
Överläkaren förstod att det var en klassisk effekt av mänsklig medkänsla som gjorde susen. Tabletterna, läkemedel i sig har visst effekt, det vet vi, men människan som redskap, värmen utstrålande, omtanken att bry sig om blev fungerande nytta, gav skjuts åt läkningen, en boost. AT-läkaren kunde inte då tänka sig att det var det som var medicinen, för det kändes så naturligt, självklart på något sätt att ge av sitt bästa för någons bästa. *Hälsa är färskvara !*
Det var första erfarenheten, från äldre kollega, överläkaren som kunnigt delade med sig av sin omtanke, omsorgen att ge s k feedback. Som tur är ger vi av omtanke utan att tänka på det för då mister det troligen sin effekt.

Konstgjord vänlighet har lika knapp effekt som sockerpiller har. Sättet att förmedla, omtanken är det helande. Därför kan man, som beskrivet, med gott samvete låta rekommendera meditation, som med enkel kunnig vägledning hjälper och har ytterst få risker, vad är bättre än Zen? Ingen vet. Den som lever med ångest, depression eller migrän, huvudvärken som pulserar i halva huvudet, ger domningar i en kind, spränger bakom ögonen, den söker gärna något som lindrar effektivt.
Avslappning, Zen, betyder meditation, helt enkelt.

Nu har vi glädjande nog en patientsäkerhetslag som skydd mot kvacksalveri, geschäft, "snake-oil" och annan trollkonst.
Ändå finns det där, behovet av mänsklig omsorg som genast lindrar depression på det naturliga sättet att det låter någon som lever med depression få slappna av utan risk för skada.

Alla analyser, KBT som kan lösa en del problem, tvång eller fobier, eMDR som på taktfullt manér lindrar traumatiska minnen, svåra smärtor av händelser, övergrepp med mera när det handhas rätt. Det är bekräftat under 2000-talet, EBM, s k evidensbaserad medicin, bevisat effektivt mer än riskfyllt.

Att använda hypnos är godkänt på många håll i världen, men inte i Sverige och har blivit kontroversiellt kanske mest för att det har sådan potential. Läkemedel i händerna utan rätt kunskaper är lika riskfyllt som att osäkra ett redskap som liknar ett handeldvapen.
Ett säkert använt redskap, en kunnig utförare, skall få utrymme för den situation som uppstår.

Vi har en övertro på egen kompetens, ett vårdsystem med riktlinjer som stramar åt livfullheten, hämmar och fördömer vårdsökande som när de inte vågar ifrågasätta vandrar med i leden av kontroller. I bästa fall kommer alla vårdpaket att öppnas skonsamt, via upplysningen mer än tvång.

”Soft power” är det nya begreppet, filtrerar ner igenom hela organisationen. Passiv diffusion kallas det när allt passerar igenom ändå utan extra hjälpmedel. Relaxation, avslappning gör det möjligt att leva, lagom.

Arkimedes skruvar upp vatten, råmaterial från lägre höjd till högre. Vatten diffunderar, blod-hjärnbarriären filtrerar. Vårt blodsocker är energi för varje liten cell som skapar, lever om, vill ha näring för sin funktion, ditt arbete för ditt bästa.

Så har vi sett, att depression hämmar, förstör minnesceller. Hippocampus minskar i volym, vilket i sin tur kan leda till känslokyla, sänkt intellektuell kapacitet, rörelsenedsättning, viljelöst passiva medmänniskor. Vi är alla del av samma miljö, ena eller andra hemisfären på jordklotet. Samverkan i rätt riktning sätter igång processerna, ger resultat, samband med gott utbyte, från Limerick till Austin, historiskt från gammal tradition, kunskap till hemmiljön. Allt har betydelse.

En långvarig, flera månader – år, depression höjer stressen, kortisolnivåerna inverkar på stadig förhöjning av blodsocker, där insulinet som behövs för att ta upp blodsockret till celler inte når fram med sina signaler, blockeras. Cellen är resistent, insulinresistens. Motionen stimulerar aktivt näringsupptag, ökar känsligheten för insulinet, cellen får in sitt blodsocker.

Motionen bryter också ner vårt cirkulerande kolesterol från blodet till energi för våra muskler. Mycket löser vi med goda ideer, enkla åtgärder utan stora förändringar. För att förändra behöver du först veta var du befinner dig någonstans i livet.

För någon som lever med depression kan en promenad göra underverk, genom att sänka axlarna, förbättra syreupptaget, andningen, öka blodsockerkänslighet stärkande muskler, ben.

Ändå vet vi inte riktigt hur vi ska förklara det. Vi mäter, möter och emottar nya metoder. I takt med utvecklingen finns det kvar, det tröga, långsamma känslofattiga intrycket när allt annat springer ifrån, förbi.

Stressen, adrenalinförhöjningen ökar påfrestningen på alla celler att mobilisera, aktivera blodsockernivåerna, frigöra blodsockret. Det är vid fara. Utan fara ingen stress. Ständig stress utan fara lurar systemet, känsligheten för blodsocker sjunker, insulinet blockeras, tar inte, insulinresistens med risk för diabetes, sockersjuka som vi kan behandla med enkla medel ofta utan läkemedel.

Insulin är livsnödvändigt, och några har inget insulin alls, det som heter diabetes typ 1. De måste ha insulin tillfört, lär sig det. Rädslan att få för lågt blodsocker ger inte lika effektiv behandling. För den som lärt sig leva med diabetes är det klart. För någon som lever med depression är det oklart.

Så är det, något beskrivet sambandet mellan diabetes och depression. Det ena ger det andra. Vi söker vidare...

17

Vad händer med någon som behandlas för sitt blodsocker? De äldre metoderna gjorde ont, nålarna var grova, fingrarna såriga i den mest finkänsliga delen, fingertoppen, till sist hårt bepansrade i huden, känslolösa både av nervinflammationen, som följer av småkärlsinflammationer (mikro-angiopati) till de små nervbanorna som registrerar finkänseln, och sticken.

Någon hade den gamla metoden att behandla sig. Den kan verka mer komplicerad än dagens flexpennor, vilka du enkelt laddar genom att vrida fram mängden insulin, sätter mot hud, trycker och så blir det klart. För den som har vanan inne i hanteringen av samma metod i 30- 40 år, för den personen är det odramatiskt enkelt att injicera efter att först ha dragit upp insulinmängden i en spruta för att sedan injicera dosen. På den tiden användes förmodligen känsla mer än i dagens teknokratiska samhälle, där allt går att mäta, nästan. Fram med fingret en droppe blod. Så mäter vi blodsockret.

Hur många kan känna med ett finger i luften eller hur det vibrerar i nästippen när något är på gång? Nedsatt känsel?

Information kommer från alla håll i ett oavbrutet flöde. Vi söker efter kunskaper, vill veta mer, men inte för mycket på en gång. Vi har kontroller, mätdata, uppföljningar.

De pratar om hållbarhet. Vad är det ? Det är något omodernt efter prof. Anthony Stafford Beers term: *"Syntegration"*;

"Syntegration"
Det är ett nytt sammansatt ord som betyder något i stil med
synergi = samarbeta, samverka
integration = få med, förena

Förklaringen gör inte förståelsen bättre, men är väl värd att nämna, som vårt samhälle ser ut idag:
Syntegration är "innovativ system-teknologisk process för organisationer i en tid med komplicerade utmaningar", d v s uppfinningsrika människor som samarbetar, kan det betyda.

Komplexitet;
Som bekant blev Ludvig van Beethoven lomhörd, nästintill helt döv i sitt fysiska varande när han komponerade musiken till sina sista symfonier, med klanger från klassicismen till romantiken under sin livstid åren 1770 – 1827. De sista åren komponerade han därför från sina känslor mer än sin hörsel, sägs det. Vilka känslor får du ur hans, Ludwig vanB, sista symfoni nr 9, "An Die Freude"?
Vad som kan kallas för Beethovens tia är några samlade notskisser som en musikvetare Barry Cooper, f 1949, försökt fullborda, och nu spänt väntar på resultatet AI, datorerna, skall lyckas sätta ihop via ett arbetslag i Ludwig vanBeethovens födelsestad Bonn,
Att lyckas övervinna det komplicerade är när något oklart med en enkel förklaring blir lätt att förstå, blir klargjort. Det är inte alltid mätmetoderna, noteringarna, gör något klart.

Konstnären Kate Steenhauer (katesteenhauer.com) har med sin studio i Aberdeen skapat konst med AI, datorerna och det kallar hon "Painting music" väl värt besök i Aberdeen.

Precis som prof. Beer konstaterat, att det blir onödigt dumt, att ta bort det komplicerade, fritt översatt:
"Det är verkligen fel att reducera komplexitet. Det förstör all effektiv och intelligent funktion. Därför är det komplexa vår nya källa / resource / att optimera vårt samhälles funktionalitet".
Vad citatet, som tillskrivits Prof Beer, säger är att vi har en enorm förmåga (potential) tack vare att det är komplicerat...

Människan är en fantastisk, anpassningsbar varelse. Vi är en kreativ och nyfiken skapelse. Problemet för oss är att vi mäter allting snart, från allt vi äter, temperaturer, vindar, havsdjup, hastigheter. Vi mäter till och med hur vi är, se själv: CQ, EQ, IQ, LQ, HBTQ – är alla tolkningsbara.

Massor av ord som långsamt äter upp vad vi känner. Allt blir mätbart, på olika sätt, i olika dimensioner. Vi har vårt alldeles eget känslocentrum, energiflöden. Allting tolkas, förklaras och blir vetenskap till slut. Är det klart eller oklart?

Men, känslorna då, depression eller ångest? De ger större utrymme för tolkningar, enklare än professor Beer förklarat. Det blir en annan dimension.

LQ? Love Quotient. Din kärlekspotential. Det finns belägg för att mäta till och med den. Vilken dimension?
Dimensioner kan användas för att beskriva något som annars är så där obeskrivligt. Depression eller diabetes ?

Tänk dig ett rum.
I rummet har du tre dimensioner, rummets längd, bredd och höjd. Lägg till tiden, så får du en fjärde dimension. Sedan tillkommer din tanke, en femte dimension. Den sjätte dimensionen bör rimligen bli själen, inspirationens andetag. Vad kallar du det sjätte sinnet?

Förr var sjunde sinnet den stora evigheten, som hon mötte Laika, förenades kanske där med hundarna som forskarlagen på 1700-talets senare hälft sökte svaren hos med sina idéer.

Kanske är det därför vi mäter, otryggheten, ovissheten, att överleva istället för att leva.

Någon med högt blodsocker mäter och kontrollerar för vi har lärt oss att det är nödvändigt, för att leva.

Någon som lever med depression får tolkningar, frågor att besvara, behandlingstester, återbesök, för att överleva.

Båda blir tvungna att anpassa sig till något system, livet, och får ny information, nya tips, nya behandlingar när livet ändå fungerar hyfsat som läget är. Vi får alla anpassa oss, att leva.

Då läser vi att även LQ, kärlekspotentialen är mätbar. Anledningen är arbetstillfällen, potential. Så istället för att få vara de kreativa, skapande människor vi föds till blir vi indragna i system bland ettor och nollor som *"Z-republikens president"* hänförde i millenietalet år 2000, osagt vilka som är vilka. Därför är det skönt att återvända till hängmattan, gunga lite behagligt, betrakta utvecklingen och känna vad som är bra, fortfarande. Den lille ekorren, i granen, hoppar ur hjulet, och samlar kottar istället för att sluta i hjulet. Juste !

För ordningens skull...

A conscious professor from Sydney,
hardly afraid of stoned kidney,
the physical pain
makes senses remain
thus viceverse will probably rid' ye'

Regler, regler, kontroller & regler, uppföljningar o s v. Det låter tröstlöst, deprimerande!

Inget ont om psykologin i informationen i kvällstidningstips till människor, alla de av oss som vill göra som ekorren, samla kottar istället för att springa i ett förödmjukelsens virrvarr, cirkusen i hjulet, alternativt "*chilla*" istället en stund i hängmattan.

De råden i tidningen Kurera (publ. 8 juni år 2019) kan enligt styckeindelningens underrubriker sammanfattas så här;

Försummelse +
Delmål +
Nymodigheter +
Begränsningar +
Motion +
Mindfulness +
Bolla +

Kurera, tidningens namn, antyder läkande. Vart och ett av de återgivna förslagen kommer att fritt ifrågasättas i några enkla kapitel som följer, med utgångspunkt i tillvaron.

Tvivel? Det är meningen. Tryckfriheten och yttrandefriheten är grunder för att vem som helst skall få skriva något, tycka något. Vi hjälper varandras nyfikenhet. Barnets nyfikna fråga "varför då" är något att ta hand om, uppskatta att värdera.

Barnet, en annan gång, sa: "*Pappa, man får faktiskt bli arg*" . Ja, tänker du, men inte göra vad som helst... hur som helst.

20

Försumma ?

Att känna kommer vi sällan ifrån, att förnimma... ord igen! Andemeningen i att försumma saker, göra de halvdana, som det beskrivs i råden från psykologen i kvällstidningen Kurera kan anas mot bakgrunden att det är för mycket tvång. Det är vi överens om. Men, vad händer när du både är slav under tvånget och dessutom känner att du skall göra dina plikter, dagsverken mindre noggrant, mindre genomtänkt, kanske lära dig glömma bort?

Det som kan hända vid försummelse är att du förutom dåligt samvete förskjuter problemen med att inte ha hunnit med. Sådant du faktiskt kan påverka förskjuts till att förstärka att det är något som du faktiskt, de facto, inte hunnit med fast du borde. Det stärker dina tvivel och ger ökad last på bördan. Du har fria val, för det mesta, även om det inte ser ut så i ögonblicket. När du inte har fria val är läget annat, och då gäller det att söka, finna bästa vägen ur situationen, att överleva.

Om det nu vore tvångsmässigt utfört så har du antingen ett OCD, en tvångsmässighet som kräver behandling, en stress du inte kommer förbi eller kanske har du tagit på dig sådant som du inte kunde utföra riktigt. Alltså, det är nog bättre ändå, att försöka göra en riktig inventering, efterforskning, se efter vad det är som verkligen kräver sin insats, för att kunna må bra, må bättre.

Frågan. ”Vad behövs för att må bra?” blir rätt så oklar. För någon som lever med depression är det uppenbart, behovet att ta sig ur dysterheten. Hur går leden dit? Knappast genom försummandet av något i alla fall. Resultaten omkring talar sitt tydliga språk, manier, städmani, tvättmani, köpmani, överkonsumtion, missbruk eller annat. Det blir ytterligare problematiskt om du skulle försumma dig själv, dina behov,

Vad du har runt omkring dig kan förstås vara orsakat av andra, och det är rimligen deras sak att lösa.

När vi lever i samhällen med högt antal i psykisk ohälsa och vårdrutiner inte räcker till, förebyggande friskvård går trögt, och kvällstidningar, tv-program bl a ger förenklade råd, då är risken stor att vi tappar bort sunda förnuftet, vårt eget driv för vår egen hälsa.

Informationen flödar över, alla råden som också skall levas upp till, aktiviteter, sociala sammanhang istället för att göra tvärtemot, ta det lugnt, chilla litet, vila och se vad du har. Den som lever med depression vågar inte riktigt, blundar gärna av smärta, tomhetens mörker blir ett dunkelt ljus.

Barnets resonerande är väl värt att lyssna till, och omfamna.

Att sortera, kan vara svårt nog, är något annat än att försumma. Prioritera mera med andra, bättre ord, för riktningen blir den motsatta. Se själv, försumma betyder ”att strunta i”. Att prioritera leder automatiskt till vad som är viktigast för just dig just nu i stunden.

Blodsockret, det mäter vi ändå, för det har du lärt dig vid det här laget, om inte, prioritera mera, och sortera.

21

Delmål ?

Många små insatser för den goda hälsan blir realistiska att genomföra, en del spännande upptäckter som också kan ge mersmak. Du kan erfara att något är värt att stanna upp vid, arbeta vidare med för att kunna komma framåt. Ett litet mål, med stor inverkan.

Alltså, de små målen kan bli de stora stegen, vilket inte blivit medvetet innan det började.

Redan nu ser vi att det finns inga generaliserande lösningar. Fråga din granne, din partner eller någon annan, så ser du.

Det är inte möjligt att generalisera något så personligt som depression, stress eller ångest. Blodsocker är individuellt reglerat till och med, fast vi mäter det på samma sätt, med samma metoder för de allra flesta.

En stunds motion, i hjulet igen, ger perspektivet tillbaka, var det rätt eller fel? Genom att stanna upp får vi svar. Det finns de som trivs i sitt hjul, för det är tryggheten. Deras tillvaro har anpassats efter deras behov och det ger vad de sökt.

En lista med många små delmål, en checklista, hållplatser för självkänsla? Men, vad är det du behöver egentligen? I tider där kolloidalt silver och andra homeopatiska medel lockar till dyrköp ger floristens väldoftande arrangemang, naturen, mer för hälsan. Att stanna upp, och styra sitt hjul till valda hållplatser att dofta lite på kan göra gott.

22

Nya sammanhang ?

Att stanna upp, i hjulet eller vid sidan om, kan avslöja trivsel med läget bara det fick ett bättre anpassat tempo. Ett koncept med andra nya sociala aktiviteter stimulerar perceptionen.

Grunder för hur vi hanterar dem är ändå erfarenheter från tidigare. Det är inte självklart enkelt att nya andra sociala aktiviteter löser uppgiften, tvärtom kanske det späder på oron, känslan av att vara otillräcklig.

I extrema situationer, för någon som varit tvångsisolerad, djupt hämmad av depression eller utsatt för något annat begränsande är behovet förstås akut, och kan vara av helt annan dignitet än att få nya sammanhang. Erfarenheter från förr är vad som färgar mest, påverkar mest hur du tar dig an nya situationer.

Budskapet här är att kliva ur ett problem inte löser allt så där optimalt som vi skulle önska. Om det gäller tristess eller stress är det sättet vi utför våra aktiviteter på som påverkar oss mest. Det är hur, mer än vad vi gör.

Att trivas med sig själv är avgörande. När det väl är säkert konstaterat kan de nya aktiviteterna visa sig vara mindre väl valda alternativ än vad som gällde innan, eftersom sätten att angripa vardagen på går att göra så olika, precis som i det hela kvällstidningarnas psykologer försöker få oss att tro.

23

Gränssättning ?

Möjligheter !
Var sak har sin tid, är allmänt. När någon tappat fokus, inte längre gör sitt bästa har någon kanske drabbats av annat än för mycket arbete. Det kan vara så att en underliggande oro, känsla av nedstämdhet eller fullt realistiska farhågor orsakar en del funderingar.

För någon som behandlar högt blodsocker är ordnade måltider med lugn och ro grunden för hälsa. Det gäller alla, förresten. Vid en stabil metabol kontroll kan hälsan tåla rätt mycket påfrestning. För någon som lever med depression är gränssättning än mer avgränsande eftersom en depression ofta leder till passivitet, inaktivitet och behöver stimulerande motivation att få igång hjulet igen, ekorrhjulet.

Stagnation är ytterligare risk för s k pseudodemens, d v s där minnet avtar till följd av psykisk ohälsa, depression. När det är hormonellt, av sviktande ämnesomsättning eller annat får det negativa konsekvenser. Små delmål kan bli intressanta för fortsättningen, att kunna komma tillbaka, in i ekorrhjulet igen. Se, det går, fastän hälsan är som den är, särskilt vid nedstämdhet. Så, motsatt gränssättningen blir möjligheterna riktningen istället. Prioritera mera, ge dig möjligheter utan att begränsa.

24

Motion ?

Med välplanerade pauser, i tid och rum, kommer tiden däremellan att behöva bli intressant och skapande. Därför gör vi tvärtom, utan att betraktas kinkigt motsträviga, obstinata:

Planera pauserna, njut av dem, och däremellan blir motionen en nödvändig rörelse som för att ge välbehag, erkänsla och en känsla. Känslan av att må bra. Endorfiner, kroppsegna belöningshormoner ökar, stimulerar belöningscentrum i limbiska systemet, känslornas centrum i hjärnan. Nyckelordet blir aktsamhet, som vi missar stup i kvarten, för vi har så många måsten. Motionera, gärna dagligen om du måste (?), motionera i så fall lagom, när du måste...

Även här när riktningen är åt motsatt håll än vad som kan bli tvingande ökar chansen till framgång markant. Det leder till mer harmoni, med känslan av att pauser, vila är helt i sin ordning, något nyttigt välgörande. Det är då vi bygger upp.

Motionen, som behövs, startar signalerna som blir så där kännbara tack vare välförtjänt vila som då bör vara planerad, som ett mål. Det är i vilan vi får energin tillbaka.

Byggstenar behövs för all motion, näring, återhämtning. Det säljs något som kallas kolloidalt silver. Av de tjugo kända essentiella (livsviktga) aminosyrorna (proteinets byggstenar) som tillförs kroppen är en särskilt användbar för hjärnans och musklernas aktivitet, Arginin, som innehåller silver. Silver, kolloidalt silver säljs. Kolloidal betyder finfördelat, flytande, och blir handelsvara med sitt spännande namn, hälsokost?

Hur vore det då om vi fick motionera lagom ”kolloidalt”, finfördelat? Alltså, ord som vi läser får annat innehåll. Med tilltro till människan, vi, fantastiska underverk som hittar på det mesta, finner vi enklare lösningar än vi trodde möjliga.

Är ett tillskott med kolloidalt silver samma som hälsokost? Nä, en del av helheten. Var aktsam med dig själv.
Du är guld!

Det är också känt att kosttillskottet kreatin ökar prestationer direkt i våra cellfabriker. Det kan öka upp till 30% prestation, genom aktiviteten i alla celler, från hjärnan till musklerna, från tanke till träning.

Njurarna behöver sin funktion för att filtrera blodet, våra proteiner som också är energi, har nedbrytningsprodukter som är kvävehaltiga, som gör det lite surt i blodbanan, inte bara för humöret som nog domnar av litet då, för hjärnan får ofrivilligt sömnmedel, det som kallas encefalopati när det blir för mycket. Det kan ge kramper. De små ryckningarna i våra muskler av överstimulerade nerv-muskelkopplingar ser vi vid salternas ojämvikt, obalans. Urinsyran och protein som brutits ner, ansamlas blir giftigt. Det orsakar signaler till våra nervbanor, utan att ge smärtor, bedövning och bedrövat på samma gång i början. För mycket extra tillskott försämrar läget. För litet tillskott ger näringsbrist. Vi känner rätt snart efter viss aktivitet, vad vi behöver, om vi känner efter.

25

Mindfulness ?

Det är Zen, en del av Zen-buddhismen. Mindfulness är godkänt, har fått evidens, blir behandlingsform som SKL sanktionerar tack vare lyckosamma studieresultat. Det fungerar eftersom vi kallar det mindfulness, men inte Zen.

Gåtan mindfulness kommer från vad det gör, om inte "att göra", enligt buddhistisk tradition. Det är godkänt, men dialogen om Zen, eller andra inriktningar med upplysning och avslappning som mål ger inte samma avtryck i alla fall, Det är mode.

A mode, a trend, in english, blir modetrend. Så enkelt är det med det. Det har effekt på blodsockret, på sinnesstämningen, humöret som det svänger om. Det sänker blodtrycket, Zen. "Chilla" litet, i hängmattan. Det utesluter inte att du återtar takten i hjulet, eftersom allt handlar om balans. När du väl är i balans har du också styrfart på hjulet, så där lagom.

I förklaringar av allt i vårt kontrollerade samhälle är det så stor risk, eller chans, att många läser och tror på allt som står.
Därav ambitionen här att vända litet på riktningar, skapa ett uns tvivel för att ge dig utrymmet att känna för egen del vad som blir bättre för just dig.
Det är tillåtet att tvivla, ifrågasätta. Men, någon som lever med depression, ung eller gammal, tvivlar på det...

26

Att bolla med en vän ?

Det kan inte förklaras här, uttrycket. "Att bolla" anspelar på att hålla något i luften. När någon behöver reflektera, stanna upp, är det motsatsen som råder. Resonerandet, diskussionen med någon klok person kan fungera, är möjligen nödvändig, ibland. Vad än ambitioner att hjälpa någon har blir det inget vidare när dina egentliga behov är oklara. För den som lever med depression är det oklart. Det visar bara hur svårt det kan vara att förklara hur någon mår och vad någon behöver bäst. Läkemedel hjälper upp någons nedstämdhet. Det lugnar läget. Depression är stress. Hjärnstress. Det leder till högre blodsocker, högre blodtryck och definitivt till sämre sömn.

Tanke, eftertanke, närhet. Att kedjerökande "bolla" med en vän får konsekvenser. I det utsatta läget säger du säkert något annat än annars, uttrycker det på annat sätt. Svaren kan bli annorlunda när du frågar om råd. Vem känner dina behov? Att lita på någon är budskapet. Anknytning.

För någon med högt blodsocker är det detsamma, behovet att behandla. För någon med ångest, depression är det oklart, fortfarande, hur en väns betydelse kan lindra. Det är för det mesta tillräckligt att ha någon nära, någon som förstår eller vill förstå att det finns något som inte går att förklara riktigt, men som behöver behandlas.

Det är ingen säker lösning. Anknytningen avgör, från långt tidigare. Redan innan förskoleåldern anläggs grunden.

Från höger till vänster

Vid Torre pendente di Pisa
betraktande själen får lisa
Meningen med
att sitta på sned
får årets kontroller bevisa.

Kultur. Människan är kultur. Bondekultur, vetenskap eller beprövad erfarenhet? Akademikerkultur eller IT-kultur? Det svänger om, pendlar, fluktuerar i tillvaron. Vi gör vårt bästa för att förstå det, livet i stort. Från härodlat till AI.

Utveckling. Människan skapar, är, utveckling, se historiskt, från fynden vid Abri de Cro-Magnon, cirka 35000 år gamla via franske Déscartes 1600-tals upplysning *"cogito ergo sum"/ "tänker jag finns jag alltså"* till den framsynte sömnforskaren Giulio Tononi, Trento, som är på god väg med sin passande formel för vårt medvetandet. Vi lyfter samtidigt på hatten för australiensiske prof David Chalmers filosofier från ursprung i Sydney, idag från New York University om vårt medvetande som troligen (kanske) har fler dimensioner än vi uppfattar.

Prof. Chalmers föddes med excellent matematiskt sinne, ett redskap som förde honom till medalj vid en Olympiad. Han utvecklade medfödda (kongenitala) egenskapen synestesi som innebär att all musik omvandlas till färg i sinnevärlden.

Redan Platon kunde differentiera oss i två världar: en idévärld, himmelskt, en sinnevärld, jordiskt.

Vi ser nu sambandet. Ljus, färger har frekvenser. Musik, ljud har frekvenser. För någon med svår tinnitus, oro, ångest blir tillvaron deprimerande instängd, flack, hämmande, kräver något ohyggligt av var och en som lever med depression att härbärgera, att uthärdas överhuvudtaget. *"Hälsa är färskvara!"*

Med fler ord, för att ytterligare öka på förvåningen, har ett par av alla nära åtta (8) miljarder levande själar nyskapat begreppet, som om inte tillvaron är komplicerad nog:

"Syntegrity"
Det är sammansatt precis som skaparens, prof Beers nämnda ord Syntegration. Prof Beer, namnet Beer... hade uppenbart behov att vidareutveckla.
"Syntegrity" blir resultatet av:
"Synergy" = samverkan
"Tensegrity" ett påfund som också är sammsatt.

När ska det upphöra, kanske du tänker ? Utveckling fortsätter hela tiden, det rör på sig hela tiden för det svänger om det, livet. Men, för någon med depression är det inte så.

"Tensegrity" byggdes, sattes ihop av en arkitekt, faktiskt, ingenjören Buckminster Fuller någon gång år 2012, för att beskriva kombinationen att tåla kompression och spänning:
tension = spänning
integritet = väl sammanhängande.
"Syntegrity"= Synergy +"Tensegrity"= Synergy + Tension + Integrity

För en arkitekt kan det förklara en hel del. Livsarkitekter är vi alla när vi skulpterar våra liv, vår tillvaro,
Så, om det krävs en sida för att beskriva ett nytt ord noterat i en liten bok, kan det räcka som förklaring på att tillvaron har så mycket mer att arbeta för. Vi har en oändlig skapelse att upptäcka, allt gott här inom och utanför. *"Hälsa är färskvara !"*

Jordbruk är vår livnäring. I dagarna har omfattande bränder ödelagt delar av Australiens kontinent, med en halv miljard djur som gått åt, några få människor har dött i branden, 18 st.

Invånarantalet i Australien är så lågt som 25 miljoner längs kusterna och delar av landet, med inlandet obebott. Bara 4 % av arbetskraften i Australien är aktiva inom jordbruket, trots att det är där det finns renodlad näring, större delen av den.

Mindre än 3% av GDP, Australiens motsvarighet till Sveriges BNP, kommer av jordbruket. De skogsbränder som härjat har inte slagit ut jordbruket. De 15 miljoner tunnland (acres) som brunnit upp i senaste "bushfire", obrukad, motsvarar drygt halva Lappland i Sverige, 60 tusen kvadratkilometer, eller samma yta som hela Småland, Västra Götaland med Halland.

För Australiens del innebär det < 1 % av hela landarealen även efter de klimatförändringar, med en grad högre temperatur under de senaste hundra åren med marginellt fler bränder. Inte sedan år 1851 har någon brand gjort avtryck över lika stor yta som idag, mindre än en procent.

Vi mäter, intressant eller ej? Det är skillnad på vetenskap, kunskap och kännedom. Känn efter, erfarenhet...

De smärtor som kan uppstå vid neuropatier, nervskador är som brännskador. Vi förstår det ohyggliga i att så många djur går åt, att människor omkommer. Vi kan förstå att det gör ont av elden. Det behöver riktad behandling, för den som lever med diabetes och samtidigt har småkärlsinflammationer,

inflammationer i de små nerverna, inte bara i ögon eller fingertoppar. Det gör ont så länge det finns litet liv kvar i dem, nerverna. Blodsockret avgör ett läge. Men, sinnet?

Hur ska vi förklara för någon som lever med depression att det finns behandling? För den som lever med depression gör det ont så länge det finns litet liv kvar i dem, nerverna.

För elden, nervskadorna, bränner, känns ordentligt tills det lugnar ner sig. Vi släcker bränder, men hur? Vatten förångas när vi slänger det på en rasande eld, en bushfire. I allmänhet har vi fått information från myndigheter, stödorganisationer för någon medvetenhet. Alla organ vaknar upp, ger i från sig.

För någon som lever med depression är inte alltid tillvaron så nära att det går att notera. Att släcka bränder? Livet inom behöver läkas. Att mäta blodsockret ger ett status, ett värde på en sticka, i en databank, för nästa dos insulin. Att tolka depression det är värre det, ett heltidsjobb.

En person som lever med depression uthärdar sin bushfire, driver runt i vårt samhälle som en isolerad ö, utan bränder, utan kännedom om var det finns näring när tanken har stannat upp, av känslomässig ödeläggelse. Med tankar som avstannar, bromsar, låst kroppshållning förlorar människan sitt egenvärde mer och mer.

Det finns kunskaper i mängder, utveckling och upptäckter. Mätvärden, tolkningar och värderngar Livsstilar påverkar mer, ger oss resurser. Begrepp färgar av sig, olika.

Med livsstilen kan vi påverka allt vi känner, uthärdar eller har omkring oss. Det gör oss hela, ger tillvaron sammanhang

Att återhämta sig, i naturen, är beskrivet från allra första början. Att vi samtidigt mäktar, hänger med en teknologisk utveckling gör det intressant. Vi kan lära oss kombinera vår högra känslomässiga del med vår analytiskt logiska kapacitet till vänster i en levande helhet. Försöken med att plocka bort vissa spår, eller kapa kontakterna, genom s k lobotomier där en lob, en del av ett kroppsligt organ, delas, förstör bara utsikterna för läkning, isolerar det, skadar.

Precis som Prof. Beer, med ett namn som inte undgår att associeras till viss pubmentalitet, föreslår om komplexitet så behövs den för att allting skall bli begripligt, ändå.

Vi behöver sköta om vår egen närhet först, för att kunna räcka till åt resten av världen, rimligen bara en liten del, det närmaste. Vi skiljer på närhet, här och där. Utbytet kan ge globala synergier, öka vinsterna för alla när det är frivilligt.

Närodlat skiljer sig från härodlat. Apelsiner i Sverige kan finnas i växthus, härodlat. Närodlat importeras.

Australien behöver exportera för att överleva sin isolation på ön. En ö-värld riskerar isolering. En bushfire, en brandvägg.

Det finns säkra lösningar, samverkansavtal. Irland erbjuder lösningar, USA skapar marknad, när Kina kanaliserar, gräver kanaler för export och import. Australien läker igen, och igen.

Så ser det ut, när vi rör oss runt problemen, som katter kring het gröt. Information, lösningar, transporter. Det är smidigare att kunna betrakta helheten från hängmattan, rasta, ”basta”!

Konstverk. Barnets spontana kreativitet färgar i tecknandet, med intrycken just då, från någon plats. Det visar hur någon kan må, precis så...

Vi sitter vid ett lutande torn, från höger till vänster, sett från andra hållet. I kulturens yttringar är högerradikala åsikter fördömande mot konstnärlig frihet, barfotadansande grisar med väst och fluga, isärsågade skor fastsydda läst mot läst, meningsfullhet, eller meningsfulhet ? De som döper om ett seriöst försök att arbeta kulturellt till finkultur resp fulkultur skriker "hjälp mig", "se mig" när de saknar kontakten i sina egna liv. En nöjd person dansar inte efter andras pipa, men kan följsamt ansluta i spontan eufori, glädje.

När kulturelitismens högerfalang betraktar gardinstänger ska de gärna se likadana ut, stängerna, verka lika fast få vara precis så som de vill. Organet GRECE, (*Groupement de recherche et d'études pour la civilisation européenne)* har tyckts anstränga sig att begränsa artrikedom, mångfald i skapelsen.
Det får motstånd, möter lätt radikala överdrifter åt andra hållet i turbulent kraftmätning, sammandrabbningar också globalt. Det lutar åt ena eller andra hållet, beroende på perspektivet. Barnbarnet frågade sin morfarfar: "minns du?"

Så väl framme vid kärnan, *soft power,* EU-arbetet RESPECT ingår i Horizon 2020.
Erfarenheter påverkar perceptionen, intrycken, för en helhet.
Sömnforskarens arbete, efter examen i Pisa, ger snart svaret med en formel om vårt medvetande. Prof Chalmers analyser kompletterar helheten med ifrågasättanden. Det är tvivlet som öppnar upp för sunda dialoger. Komplexitet är vardag.

När Bonniers konsthall, avantgarde, öppnar ”babytorsdag”, är det ett välkommet kulturskapande. Erfarenheter, aktivitet med anknytning är stimulerande. Känslor fungerar bättre utan bruset, tinnitus eller fungerande hörsel för mängder av intryck. Fokusera mera, vilket Ortoptisterna hjälper oss med, för synen, ögonens arbete. Unset skelning kan korrigeras vid behov.

Allt för konsten, livet och tillvaron utan begränsningar. Men, för någon som lever med depression blir det oklart begränsat i alla fall. Fingertoppskänslan är trubbigt oviss, kännedom är eftersökt. Anknytning har betydelse.

Forskning på området medvetande och fysiska symptom är på god väg att få sin förklaring, genom Dr Tononi, som har arbetat med sin modell ”Integrated information theory”.

Det genererar att ordfattiga, alexityma individer som lever med depression eller andra känslohämmande tillstånd, svårt instängda i sin egen skapelse, kan utan att säga något nå förståelse utanför sina egna rörigt roterande tankar, liksom ekorren i hjulet innan den skuttar ut i det fria till sina kottar.

Vi söker våra kottar, sitter lugnt kvar i granen utan behov av extra belysning när naturen ännu fyller upp våra system för energi. Naturljuset är harmoniskt, svänger tillsammans med, synkroniserar, för oss.

Allt det där enkla får tydligare position när utvecklingen går framåt. Distansen till allt det komplicerade gör det ännu mer intressant och efterlängtat att få leva enkelt, *”chilla”*.

Ha det bra. Gör det Zen. Le Parcours du Combattant *"en effet"* blir ändamålsenligt istället. Vi tacklar svåra hinder med kombinationen istället för att uthärda det svåra. Vi förenklar.

Lutande tornet i Pisa har tagit 200 år att bygga. Klocktornet började luta fort. Insatser för att rekonstruera har givit ett litet snedare utseende, en*"look"*. Eftersom vi mäter allt möjligt och omöjligt vet vi att tornet lutar 5 grader idag efter mildare korrigering vid millenieskiftet för 20 år sedan. Trappstegen är sneda, från höger till vänster.

Om det ser snett ut livet får vi tackla det på ett nytt sätt, lite annorlunda. Den som lever med depression har inte riktigt sett hur snett det verkar, känner möjligen av det en del. Vi arbetar för helheten, i allt det där energikrävande, i stressen.

Blodsockret svänger upp och ner, ganska statiskt när den infunnit sig harmonin.

Nå, hur svårt det än kan verka så finns det alltid välgörande lösningar, lindring på något håll. Allt som lutar så där snett får hanteras lika vint och snett som det verkar. När lutningen blivit konstaterad är det lättare att räta ut. Frågetecken blir utropstecken. Blodsockermätare ska garantera värden, mäter.

Det går att hantera utan mätare, vid god kännedom om sig själv, vartåt det lutar, blodsockret. Vi behöver bara lära känna.

Det är människans kultur att leva, uppleva, överleva. Också mäter vi lutningen varje år, i Pisa, besiktar det sneda, hälsan, vid återbesöken, kontrollerna.

Lite snett, kan man tycka. Det är i sin ordning, för tillfället. Prof Chalmers hävdar att varje del har sin egen medvetenhet i oss. En attraherande tanke, saktmodigt reflekterande över vår skapelse, som är oändligt stor, oändligt liten åt alla håll.

Hans uttryck "The hard problem" angår oss alla, medvetna kombinerar vi erfarenheten i alla intrycken.

Han lär ha sagt, beskriver sina färger, synestesi, så här: *"A lot of things were just kind of boring greens and browns but every now and then something would be bright red. I remember Here, There and Everywhere by The Beatles was bright red" (Ref Daniel Keane, ABC NEWS 7 juli 2017).*

Källhänvisningar, Det är ett skydd, upphovsrättsligt. För någon med depression är upphovsrätten integritet, personligt beskydd, men vad hjälper det? För depression förekommer minst dubbelt så mycket hos de som lever med diabetes.

Så vi har vetenskap, formler för medvetande, kunskap som redan Spinoza filosoferade över, om psyke vs kropp lever åtskilda vilket idag blir ett sammanhang. Det hänger ihop, verkligen, bevisat. Erfarenhet är en ogripbar egenhet, storhet som vi kan länka till varje del av vår kropp, som har ett eget minne, egen kroppslig erfarenhet. Kanske förklarar det s k fantomsmärta. Där en kroppsdel ersätts i förnimmelse, mer än försummelse, av de nervändar som fortfarande vill söka rätt på den eliminerade biten, vägen ut. Fantomsmärtor som inte syns, men känns. Har du kännedom eller kunskap?

Sätta p för något ?

På guppande vågor i Bergen
var sjömännen märkta av färgen
ett herrelöst skepp
från blå tår till läpp
satt p för seglatsen i märgen

P som i proaktiv, förebyggande.
P som i pandemi, världsomfattande sjukdomsspridning.
P som i pest, som är allmänt känt och som sedan dog ut med alla insjuknade. Yersinia Pestis är behandlingsbart idag tack vare nya antibiotika, så länge de används på rätt sätt. Det är människans frustration, skräck, erfarenheter som gör att vi försummar oss själva. Vi bör *"chilla"* mer, och tillräckligt.

P som i punkt är ingen mening.

Inom smärtforskning har substans P funnits med länge, och har en position, funktion, som exciterande, stimulerande för smärtsignaler till CNS, förlängda märgen samt även i vårt sinne där hjärnans egen kontrollstation, talamus, överordnar sig övriga delar. Signaler som har med smärtor att göra ger substans P. Det går att sätta p för det mesta, men på vilket sätt? Vi kan också mäta neuropeptid Y, som inverkar på vår stress, då nivåer av den signalmolekylen, neuropeptid Y ökar för att lugna ner ett överhettat hjärnarbete, särskilt om stress och hur vi äter, matintaget. Det är publicerat;

> Neuropeptides. *Author manuscript; available in PMC 2016 Apr 13.Published online 2015 Sep 30.doi* 10.1016/j.npep.2015.09.008
> **Neuropeptide Y: A stressful review**

Forskning, framsteg och för att förstå sammanhang behöver det förklaras bättre.

Det kan beskrivas, noteras på olika sätt allting. Att p var förkortning för pest, förklarar något. Pesten transporterades sjövägen från varmare breddgrader i mellanöstern, landade någon gång på 1300-talet, och idag får klimatskeptiker som vurmar för ny istid söka sina svar när global uppvärmning är energiflöden som vi inte riktigt kan känna vart de för oss. All människans kunskap kan förvilla en del, enär kännedom gör det mer begripligt. All vetenskap blir mindre beståndsdelar i en större skapelse, riktningarna kan splittra en del, eftersom inte alla fakta tillhör samma ideer, kategoriserande. Vi mäter kontrollerar och tolkar.

För någon som lever med depression är det fortfarande rätt oklart, För någon med högt blodsocker hänger det ihop, den cellfunktionen, med tillvaron, definitivt. Men hur?

Humöret svänger minst lika mycket som blodsockret.

Nervbanorna gör allt de kan för att hålla ihop det. Läkning ger symptom. För den som lever med depression är läkning varseblivning, perception som väcker alla känslor till liv igen.

De känslor som äntligen fått vila litet, de där ansträngande, jobbiga, vaknar upp ur drogrusets dämpande lugn, gör den obekväm hängmattan. Då är risken som störst att någon som lever med depression upptäcker livet, från sin dvala...

Ekorren bektraktar fortfarande, undrar vad batterierna är till för när det redan finns ljus. Den lyser fortfarande, solen, på oss alla, lika nu som då, tror vi, ett tag till. Inte alla ser det så där ljust. Vi behöver förebygga ohälsa, ta hand om våra resurser bättre. Aktiva åtgärder bör bli genomtänkta, för sin funktion. Livet kontrar riskerna med sin sköra skönhet.

Att salta lite lagom extra...
Det har gjorts omfattande studier på salter, tillskott, och blodtryck med mera. Vi vet att på vissa osaltade vägar, t ex miljöer i amazonas djungler är det rätt osalt. Konsekvenserna för de sydamerikanska ormjägarna blir att de inte har samma naturliga hydrostatiska salta tryck att reglera med sina njurar.

Så har evolutionen bidragit till att ett av våra mest använda läkemedel mot högt blodtryck, angiotensinhämmare, skapats av vissa ormar i djungeln. Det är ett naturmedel, det också.
Blodtrycksfallet är effektivt i brist på det salta skyddet. Utan att stigmatisera fortsatta läsandet stannar informationen om *Bothrops Jararaca* här. Vi har fått det mesta av det bästa av våra läkemedel från naturen, miljön och det lär fortsätta så länge den lever med oss.

I västvärlden har en extremt uttalad saltrik kost potential att höja blodtrycket 9-10 %. Det är m a o andra faktorer som inverkar med, inte bara saltet, på vår livsstil och blodtryck. Därför, salta gärna maten, för smakens skull, lagom.
Saltet glutamat finns i all proteinrik kost, många livsmedel, och reagerar med stimulerande effekt. I små mängder beskyddar det mot ett flertal neuropsykiatriska sjukdoms-tillstånd, eftersom brist ökar risken för sådant som kräver högkvalitativ psykiatrisk kunskap (schizofreni, psykoser m m). Glutamatbrist vet vi påverkar de smörsyrebanor (GABA) som hämmar inflödet av känslig information, fysiologiskt kroppsligt mer än emotionellt känslomässigt givetvis.

Glutamat piggar upp systemet, tillsammans med dopamin som Arvid Carlsson aktivt var med och forskade fram för 60 år sedan. Det överskott Glutamat som förstör vårt känsliga filter, det sensoriska, kan teoretiskt bidra till överaktivitet, allt annat än lagom. Allt annat än behagligt blir det för Talamus, en del av vår mellanhjärna. Det underlättar, potentierar även drogeffekter.

Salta litet lagom, sockra litet, känn balansen, sväng med litet i hela skapelsen. Låt solens värmande uppgång väcka dig till liv, lagom, känn sedan hur kvällssolen kan ge en trygg vilsam ro innan dina hormoner återhämtar sig för nästa dygns arbeten.

Det är hela tiden du som är huvudpersonen, i ditt liv, och därför behöver du korrekturläsa manus, några gånger till, innan berättelsen kan bekräftas.

Företagen finner arbetsmoral hos medarbetare när det ger något tillbaka, arbetet. Förebygga ohälsa är att motivera; P som i preventionsvetenskap, eller proaktiv.

Proactive – Creativity – Diversity – Innovation

Kreativitet, nyfikenhet och diverse angör varandra på ett smidigt sätt. Diverse? Depression, diabetes eller både och?

Det blir lite oklart, för så är livet, varierande, ibland oprecist. Skapelsen är innovativ, uppfinningsrik, en alldeles fantastisk tillgång att få upptäcka på riktigt, inget att sätta p för när vi har valmöjligheten att förebygga all ohälsa.

Det måste börja hos oss själva, var och en.

Doping, drugs, sex or gambling ?

There are fellows in El Paso
giving up crack and tobacco
researching life for true kicks
(after developing tics)
instead of their health going wacko

Ett avsnitt om sex, droger och rock'n roll är nog värt notera i en skrift om sammanhanget hälsa. Det är välmenat placerat. Med utvecklande av kunskaperna om vår medvetenhet, att alla kroppsdelar har eget minne, att vi har erfarenhet som präglar, påverkar hur vi tar in alla nya intryck, medvetet och undermedvetet, ja t o m under sömn med mer än drömmar.

Ett holländskt forskarlag testade en grupp människor, cirka 5300 st under en tio årsperiod i omgångar, med frågeformulär och bedömningar om hur mycket försökspersonerna testade droger med mera, hur många med depressioner och ångest som insjuknade. Svaret är att ungefär 3% nyinsjuknar varje år i neuropsykologiska vårdbehov, 3 av 100 personer, eller 3000 av 100.000 personer. Det är tillräckligt för att inse behovet av vettiga vårdstrukter. Precis som innan finns information i "artikelsök";

J Affect Disord. 2013 Jul;149(1-3):100-7. doi: 10.1016/j.jad.2013.01.009. Epub 2013 Feb 9. **First-incidence of DSM-IV mood, anxiety and substance use disorders and its determinants: results from the Netherlands Mental Health Survey and Incidence Study-2.**

Det är för övrigt en annan artikel ur den omfattande studie som har en referens till *i kapitel 13, ref nr 9* i just den här boka. I Texas har det sjunkit en hel del med drogerna. Amfetamin ger överstimulering i dopaminsystemet, med förändringar i hjärnan som liknar de vid schizofrenier och det ger psykoser som är ett annat uttryck för något som är overkligt, upplevt men overkligt, orealistiskt, "bizarre".

Depressioner har en tendens att bli bortglömda eftersom det kan leda till tysta försiktigt undfallande individer. Det finns de som vill dra sig undan litet som är friska förstås. Det kan vara en ventil som behövs, en egen stund för att kunna köra igång arbetsmotorn igen eller för att någon trivs bättre så.
Med perspektiv och motivation tar vi befälet över vår egen tillvaro. En verkligt livsnödvändig insats att behålla kontakt med allt det där som gör att vi mår bra. Vi har det inom, alla.

Konst, fotografier, dagböcker, hantverk uttrycker vi, t o m genom musiken som ger mer ändå. En juste träning, god mat, näringsintag som är i balans med vila och övriga hormoner gör underverk. Panting or Painting? Att flämta eller måla sig genom livet? Synestesi, omvandlar musikens frekvenser till färgspektrum, bilder. Det kan illustreras, visas naivistiskt, kubistiskt, minimalistiskt eller som den enkla barnteckningen som ger en klar bild av barnets känslor just i det ögonblicket. Färger, fantasifullhet är vår rikedom. Du är, med alla medel!

Melatonin har blivit populärt, när många försöker må bra. Det är fortfarande en rätt så långsam dygnvariation i vårt kroppsegna "jetlag"-hormon som tillverkas i tallkottkörteln, epifysen. Den lär variera sig betydligt mer hos djur, under brunstperioder synkront med andra utlevande konster. Vi vet inte tillräckligt mycket än, har mätt för lite. För någon med depression är alla möjligheter en förhoppning om bot, läkning, tröst. Det kan också ge motsatt reaktion

Sömnforskarna, Prof Tononi framför allt, med boken "Sizing up Consciousness:---", från år 2018, sammanfattar. Det kan sägas att vila ger grund för återhämtning, som är mätbart , och aktiviteterna under dagen stärker våra hjärnkontakter, som kallas för synapserna. Det är redan känt. Nu forskar de på hur vi ska kunna mäta medvetenheten som försvinner under sömn. Teorier om drömmar, det undermedvetna m m finns i sökandet sedan de gamla grekerna funderade, om allt.

Ännu har vi inga tillräckligt klara data på Melatonin, som redan säljs tillräckligt med förhoppningen "Quick Fix".

Att kalla Melatonin för "jetlag"-hormon blir begripligt som enkel förklaring, men frågan är hur vettigt vi använder det idag, Melatonin? Många försöker komma ifrån andra svagare substitut, mildare syntetiska amfetaminpreparat, opioider, i ambitionen och tron att Melatonin som syntetiskt medel är skonsammare. Det vet vi ju inte riktigt än, även om mycket kan tala för det.

Hypnos, vet vi, kan lotsa i medvetandet, "--- consciousness", Det är inte så tokigt, med en varsam guide som får verka där något annars skulle värka. Precis som med allt annat, från att mäta temperaturer, laga köksfläktar, reparera växellådor, dra elledningar är det användarens tillämpning som avgör effekt, tillvägagångssätt och resultat. Hypnos har visst effekt,det vet vi. Vi hänger med, rastar i vår hängmatta, *"chillar"* litet...

Ett tveksamt ställningstagande är det när vår Socialstyrelse, myndigheten som rekommenderar, tidigare godkänt s k estradhypnos, som ingen av de erfarna behandlarna anser tillräckligt seriös, eftersom det är en sorts "show-biz".

Den förklaringen håller, eftersom det är det enskilda lugnet vi kan återhämta oss i, rehabilitera vårt medvetna, genom att nå det underliggande som värker så, "ontet". Sustainability, när det avslappnade ger boten utrymme, att lindra hjärnans överaktivitet. En annan förklaring är att skilja initiativlöshet, apati och det viljelösa från känslorna som de kroppsligt hämmande depressionerna orsakar.

Hypnos kan i händerna på rätt utförare ge grund för god läkning, precis som rätt läkemedel i händerna på specialisten inom medicin, läkare m fl kan bidra till god läkning.

Därför behöver vi förstå att de flesta söker lösningar på egen hand när det inte presenteras bättre effekterna av vad som finns. Avslappning, det får vi säga, men inte Zen eller kanske hypnos. Exempelvis hyperaktiva, utan att för den skull känna stress, kan ha nytta av en stund egen meditation.

Den som har hyperaktivitet drar nytta av tillskott som piggar upp signalerna, gör de raka, inspirerande livaktiga, ibland svepande långsamma jämna rörelser, ibland tvära kast i arbetet med att sy ihop ett stycke, sitt livs konst. Det får svänga i harmoni med lagom dos medel. Alla uttrycken som finns blir avgörande för den sortens hälsa, skapandet. som annars slätas ut, blir indifferent, deprimerande flackt, brister i kreativitet.

För mycket, eller för litet, är obalans. Det gyllene lagom är konst, medelvägen, utan dikeskörningar, omkörningar eller påkörning. Att jämföra hälsa med bilar följer samhällsryktet, att vi spenderar massor på våra bilar, mindre på oss själva.

Sunda njutningsmedel, de naturliga, ger mer. Känslor ger maximalt, optimerar, för bästa möjliga. Vi förebygger, m a o ett preventivmedel, med livet som insats, kan vi säga. *"Chilla litet"*, upprepa och kom igen...

Det finns ingen regel eller formel för eufori, lycka, glädjerus. Det finns däremot goda effekter av det kan vi räkna ut.

Långsamhetens lov, att skynda långsamt, ger näring till vår hälsa. Våra själar, kroppar, medvetanden med mera hänger ihop på något vis. Långsamhetens lov är omskrivet av en prof Owe Wikström, teolog i Uppsala. Det kom långt senare, efter Slow food konceptet skapades år 1986 i italien av Carlo Petrini, över reaktionen på all snabbmat. Slow food stöder långsamhetens lov, kvalitet mer än kvantitet. Trygghet före nödlösningar. Det blir konst, att vårda ingredienserna. Var aktsam med den viktigaste, huvudingrediensen, Du!

Det ger utrymme för eftertanke, omsorg, egenvård och vi hinner stanna upp, som ekorren, kika litet, eller bara gunga slött i hängmattan, tillfreds med att det finns goda lösningar, förhoppningar.

När marknaden, världsmarknaden, accepterar tillverkning på riktigt, äkta hantverk i händerna på äkta hantverkare, då kommer också resultaten att innebära positiv inverkan på vår hälsa, klargjort tydligare: bättre kvalitet. Hälsa är färskvara, en kvalitetsprodukt som Du äger, din egen hälsa. Du är guld, värd att vårda så där varsamt ömt. Du är kvalitet!

Kvalitet. För någon som lever med depression påverkar det, kan ge tillbaka spänst i minnes- och känslocentrum, ger mindre fluktationer i blodsockret, med stabilare hälsa. För någon som lever med diabetes är det gynnsamt för näringsintaget, kvalitet. Harmoni bland våra hormoner, våra mjukare värden, det blir hållbart.

Motion betyder rörelse. Motion läker nedstämda, aktiverar. Hjärnan behöver sitt arbete, sin rörelse, eftersom depression i sig är ett stressfyllt tillstånd, upptaget av odugligheт, trötthet, hopplöshet kontraproduktivt hos någon som annars vore livfull, glad och utåtriktad. Allting går ner i lågvarv, inte energibesparande utan tvärtom utan roder, utan driv, stilla guppande på vågorna, livlöst, med den ständiga stressen att behöva trampa vatten, lära sig simma, eller enbart flyta med.

Det förklarar att de som lever med depression kan flyta runt likt isolerade öar, bland alla andra, utan harmonin. De verkar finnas med i sammanhanget. Det ser ut så, fast de inte riktigt är så, kan inte förklara riktigt själva.

För någon som lever med depression behöver alltid arbeta med sitt inre i alla fall, utan att gå genom andra. Det finns någon som lever genom andra, på bekostnad av båda dem. Det är ingen lyckad situation, har sitt pris.

Vad kan det kosta, att arbeta för kvalitet, när det lättköpta är dyrare än vi inser från början? Vi kan se efter litet, backar, får perspektivet på nytt, som barnet med spontanitet kan fråga. Barnet som färglägger, med sin nyfikenhet, vilar samtidigt.

"Chilla" litet istället, på stället. Efter en stunds gungande i hängmattan inser vi att det behöver motioneras, med någon som kan förstå.

Det är konst att förmedla för att andra skall må bra. Konsten bidrar till alla på något sätt. Motionen, rörelsen gör skillnad, ökar receptiviteten. Sammanhanget blir bättre hälsosamt.

I tider då Kina genmanipulerar barn, för att begränsa svåra sjukdomar gamblar vi, spelar vi med dyrbar insats, livet. De senaste experimenten med klonad baby, ett barn med samma genuppsättning som ett annat i ett laboratorium, eller med HIV resistens, motståndskraft odlas fram. Det kan inte vara bra till sist. Det blir en annan växthuseffekt, att odla eviga tulpaner på oförstörbar stjälk. De tappar lyster.
Vad händer med känslor när vi inte längre får tillfälle, mer än tjuven... ?

Till sist, att spela med livet som insats, gambling i onödan, tar bort glädjen att upptäcka det, livet. Belöningscentrum har vi av en viss anledning. När vi bryter ner våra aktiviteter, de energier som ger näring, förlorar vi tid att bygga upp. Vilan är effektiv som skydd mot överaktivitet. För mycket vila bryter ner mer. Vad händer med en muskel som inte arbetar? Den tror att den inte behövs, förtvinar, dunstar, drar ihop sig. Vi behöver både vila och motion, det ena och det andra.

Det är genom att odla sina egna känslor, sin egen tillvaro den infinner sig, harmonin. Vi behöver belöningscentrum, som annars stannar upp, upptäckarlust som annars stannar upp. Det är levande, svaret på tillvaron, sammanhanget vi kallar hälsa, utan regel, för det är färskvara.

För alla som lever med humöret är livets innehåll möjligt att påverka den ena eller andra dagen på ena eller andra sättet.

För alla som lever med blodsocker, det gör vi även om vi inte kontrollerar det särskilt ofta, för alla är det den primära energikällan. Ljuset, salter, proteiner och fett blir tillskotten som bygger.

Naturen gör det vackert för oss när vi tar det vackert, och ger tillbaka.

Konklusion;

Några bagare på marknad i Calcutta
led av näringsbrist, sin budget och blev trötta,
Det stränga klimatet
som låg dem i fatet
tog ut energin, deras glädje att skutta.

Livet är konst. Du är konstnären, arkitekten i ditt unika livsbygge.
Alla delarna hör dit, med vårt outforskade inre, som får fler svar.
I nästa bok, Quotes, finns det andra tänkvärdheter som besvarar
några vanliga funderingar om vår hälsa, som är färskvara.

Ängelholm 5 januari 2020
Mikael Nehrer